KB211729

징비록, 임진왜란 극복의 기록

유성룡 리더십

김호종 지음

청소년 멘토 시리즈

Ryu Seong Ryong

Ryu Seong Ryong

미리 징계하여
후환을 경계하라

BOOK STAR

머리말

'국난을 극복한 조선의 명재상, 유성룡'

사람은 기껏해야 100년 정도 살까 말까 하는 그러한 존재이므로, 역사를 통하여 간접적으로 많은 지식을 쌓게 됩니다. 그러한 지식은 우리가 살아가는 데 있어서 귀중한 길잡이 역할을 하므로 역사의 유용성을 거기에서 찾기도 합니다. 지금 우리 사회는 현기증이 생길 정도로 급속하게 변하고 있어 자칫하면 방향감각마저 상실할 정도입니다. 이런 때일수록 정신을 가다듬어 지난 역사에서 교훈을 찾아야 하겠습니다.

서애 유성룡은 16세기 중엽에 태어나서 17세기 초에 사망하였습니다. 이 시기는 국내·외적으로 매우 혼란하고 어려운 상황이었으므로 훌륭한 지도자가 어느 때보다 절실히 요구되었습니다. 특히 우리나라 역사상 일찍이 유례를 찾을 수 없는 참혹한 임진왜란도 이 시기에 발생하여 국가와 민족의 운명이 바람 앞의 등불 같았습니다. 여기에 더하여 당시 지배 계급 사이에는 당쟁이 격화되어 자기 당파 이익 추구에만 눈이 멀게 되었습니다. 유성룡은 바로 이러한 시기에 주로 활동하였습니다.

이 책은 이와 같은 어려운 때에 눈부신 활약을 전개하여 국가와 민족을 위기로부터 구출하는 데 중추적 역할을 한 유성룡에 대하여 서술하고자 합니다. 가급적 내용을 쉽게 설명하여 누구나 이해할 수 있도록 노력했지만, 판단은 독자의 몫으로 남을 수밖에 없습니다. 서술할 내용의 줄거리를 간단히 소개하자면, 우선 태어나서 자란 어린 시절의 모습과 그의 공부하는 과정을 살펴보겠습니다. 다음에는 벼슬길에 들어서서 어떻게 활동했는지를 고찰하면서, 그가 정치상에서 드러내고자 한 목표와 생각도 함께 살피고자 합니다. 그 뒤로는 영의정이란 높은 직책을 지니고 엄청난 임진왜란을 어떻게 극복하여 나갔는지, 그가 수행한 여러 가지 대책들을 검토할 것입니다. 마지막으로 유성룡도 반대 당파 인사들에게 모함을 받고 벼슬에서 쫓겨나, 고향에서 어떻게 여생을 보냈으며 죽은 뒤 그에 대한 평가도 살펴보고자 합니다.

책을 쓴 사람으로서 여러분에게 바라고자 하는 것은 아무리 사회가 어지럽고 혼란스럽다 하더라도 뚜렷한 인생의 목표를 설정하고 달성하고자 노력해야 한다는 것입니다. 그러한 건전한 목표는 지난날의 역사에서 많이 찾을 수 있을 뿐만 아니라, 참고할 수 있을 것입니다. 왜냐하면 역사는 인간 경험의 총집합체이기 때문에 거기서 우리들은 여러 가지 교훈을 얻을 수 있기 때문입니다. 사회 구성원들이 모두 이러한 노력을 할 때 우리 사회는 점차 밝아지고 성장할 수 있을 것입니다.

지난날 유성룡의 활동에서 삶의 거울을 찾아 어려운 시기를 슬기롭게 극복하도록 노력합시다. 그렇게 되면 우리나라는 더욱 발전하고 살기 좋은 국가로 바뀌게 될 것을 굳게 믿습니다.

저자 김호종

목차 CONTENTS

유성룡 柳成龍, Ryu Seong Ryong

출생 : 1542년 10월 1일

세거지 : 경상북도 안동시 풍천면 하회리

이칭(별칭) : **자** 이견而見

            호 서애西厓

저서(작품) : 서애집, 징비록, 운암잡록, 신종록 등

어린 시절의 유성룡 01

01 어린 시절의 유성룡

　1542년 10월 1일 가을도 꽤 깊어 아침저녁으로는 제법 쌀쌀한 바람이 옷 속을 파고들어 한기를 느낄 정도이다. 이날 유성룡은 그의 외가인 당시 의성현 사촌리에서 태어났다. 그의 어머니인 안동 김씨는 성룡이 태어나기 전날 밤 꿈을 꾸었는데, 그 내용은 대략 다음과 같았다고 한다.

　갑자기 큰 강물이 소용돌이치면서 하늘에서는 먹구름이 일고 천둥과 번개가 쳤다. 김씨 부인이 놀라서 소용돌이를 바라보고 있는데, 그 속에 이무기 한 마리가 김씨 부인을 향하여 큰 소리로 다음과 같이 외치고 있었다.

　"부인, 내 꼬리를 한 번만 쳐 주시오. 그러면 나 용龍이 되어 하늘로 올라갈 수 있소."

그러자 김씨 부인은 이무기의 말대로 꼬리를 한 번 탁 치니, 이무기가 찬란한 빛을 발하며 하늘로 올라갔다고 한다.

꿈에서 깬 김씨 부인은 곧 산기를 느끼고 옥동자를 낳았으니, 이가 바로 임진왜란을 승리로 이끈 명재상 유성룡이다.[1] 그리하여 그의 이름도 용이 되었다는 뜻에서 성룡成龍으로 짓게 되었다는 것이다. 이러한 설화는 문헌상으로는 확인할 길이 없으나, 여러 지방에 구전되고 있는 것은 분명하다.

그러면 지금부터 기록에 나타난 사실을 바탕으로 하여 유성룡의 가문 내력과, 어린 시절의 여러 모습들을 보다 자세히 살펴보고자 한다. 그는 앞에서 이미 지적한 바와 같이 조선왕조의 중종 37년인 1542년에 출생하였다. 이름은 성룡이고 자는 이현而見, 호는 서애西厓라고 불렀다. 아버지는 뒷날 황해도 관찰사를 지낸 중영이고 어머니는 안동 김씨인데, 유성룡은 이들 사이의 둘째 아들이었다. 성룡 가문의 원래 본관은 문화 유씨로 생각되지만 전하여 오는 문서를 찾을 수 없기에 보관되어 오는 호적을 통하여 조상을 추심하고 있다.[2] 그런데 유성룡의 6대 조인 종혜 때부터 풍산읍 내에서 하회로 옮겨와 정착함으로 말미암아 이곳이 그들 유씨 가

---

1) 곽재구,《유성룡》, 국민서관, 1999, 6쪽
2)《서애전서》, 권3, 서애선생기념사업회, 1991, 세보

하회마을 유성룡의 고향 마을이다.

문의 세거지가 되었다.

풍산 하회로 옮겨온 유성룡의 조상들은 사회 경제적으로 크게 성장하여 일족의 세력이 확대되고 가세가 더욱 부유해졌다. 이러한 것을 바탕으로 성룡의 할아버지인 공작은 그 앞의 향직 단계를 벗어나 실직 사족으로 성장할 수 있었으니, 그것이 바로 통훈대부로서 간성 군수로의 진출이었다. 그리하여 성룡의 아버지도 황해도 관찰사까지 오르게 되었던 것이다.

성룡의 외가는 안동에서 의성으로 옮겨간 지방의 유력한 사족으로 벼슬은 그렇게 두드러지지 않았으나 지방에서의 사회 경제적 기반은 튼튼하였으며 그의 외할아버지는 진사 김광수였다.[3] 이러한 두 가문을 배경으로 태어난 유성룡은 어릴 때부터 매우 침착하고 영리하여 주변 사람들의 관심과 사랑을 받게 되었다.

그는 어린 시절 그의 친가가 있는 하회마을에서 주로 시간을 보내면서 자랐는데, 이곳의 자연환경은 심신 수양과 독서에 아주 적당하였다. 지금도 이 마을에 가면 알 수 있지만, 낙동강이 남쪽으로 흐르다가 여기에 이르러 동북쪽으로 흘러 큰 원을 그리며 S자를 거꾸로 한 것처럼 휘돌아 나가면서 절묘한 풍광을 이루고 있다. 그리하여 예로부터 하회마을은 사람이 살기 좋은 곳으로 유명한 곳이다.

유성룡은 일찍이 4세의 어린 시절부터 글을 배우기 시작하여 8세 때는《맹자》라는 유교 경전을 읽었다. 이 당시까지는 일정한 스승도 없이 아버지나 할아버지 등 가문의 부형들에게 주로 의지하면서 공부하고 있었다.[4] 그렇다고 그는 공부에만 매달려 있지는 않았으며, 때로는 친구들과 어울려 고향인 하회마을 앞 낙동강에서 헤엄을 치기도 하고 근처에 있는 산천을 거닐기도 하였다. 그뿐만 아니라 성룡은 어릴 때부터 아버지와 할아버지가 벼슬살

3) 이수건, 《영남사림파의 형성》 영남대 출판부, 1979, 211~221쪽
4) 김호종, 《서애 유성룡 연구》 새누리, 1994, 12쪽

이할 경우는 그곳 벼슬하는 지방과 고향을 번갈아 왕래하면서, 많은 견문을 쌓아 생각과 행동의 폭을 넓힐 수 있는 기회를 갖게 되었다. 특히 14세 때는 당시 할아버지가 멀리 강원도 간성군수로 근무하고 있었으므로 그곳까지 가서 뵙고 돌아왔다. 간성에 가서도 그곳의 교육기관인 향교에서 공부를 하였다. 공부하는 사이 시간이 생기면 향교의 학생들과 함께 주변의 경관지를 찾아 소요하면서 생각을 키우고 호연지기를 길러나갔다.[5]

그가 13세 때인 1554년에는 4부 학당의 하나인 동학에서 《대학》과 《중용》을 공부하게 되었는데, 이때 그는 문장을 정확히 읽었을 뿐만 아니라 거기에 숨어 있는 깊은 뜻까지도 모두 잘 이해하여 지도하는 학관으로부터 크게 칭찬을 받았던 것이다.

이것은 아마도 그가 6세 때 이미 《대학》같은 유교 경전을 학습한 바 있기 때문일 것이며, 그러한 바탕에서 그의 행동거지는 어릴 때부터 의젓하고 품위가 있어 어른다운 면모를 지니게 되었다. 그래서 유성룡은 어린 시절에도 쓸데없는 잡담과 상스러운 말은 입 밖에 내지 않았으며, 오로지 글공부에만 정신을 집중하여 부모나 스승들로부터 꾸지람을 받은 일이 거의 없었다고 한다. 특히 위에서 거론한 바 있는 동학 재학 시절에는 가르치는 학관으로부터 장래에 "반드시 큰 학자가 될 것이다."라는 칭찬까지 받으면

서 고무되기도 하였다.[6]

　유성룡은 앞에서 이야기한 바와 같이 8세 때 《맹자》라는 유학 책을 읽다가 중국의 "백이라는 사람은 눈으로는 나쁜 것을 보려고 하지 않았으며 귀로는 음탕한 소리를 들으려고 하지 않았다."라는 구절을 보고는 크게 감동한 나머지 그 사람됨을 평소 공경하고 사모하여 마음속에 늘 간직하였다고 한다

　그래서 그런지는 몰라도 그는 꿈속에서까지도 그 사람을 만나보았다고 한다. 이와 같이 어릴 때부터 침착하고 바른 행동을 몸소 실천하려는 그는 정통 유학을 지향하여 9세 때는 역시 유학 경전인 《논어》를 공부하였다. 그리하여 19세 때는 이러한 기초실력을 바탕으로 좀 더 혼자 차분하게 공부하려고 관악산에 들어가게 되었다. 이때 그는 이 산에 있는 절의 조용하고 후미진 곳을 일부러 선택하여 침식을 잊을 정도로 열심히 공부하고 있었다.

　그러던 어느 날 밤이 깊어지자, 벽을 두드리는 소리가 간간이 들려 왔으나, 유성룡은 들은 체도 하지 않으면서 계속 독서에 열중하였다. 그러자 어느 날 밤 중에 한 사람의 중이 불쑥 나타나서 말하기를 "이렇게 깊은 산속에 홀로 있는데 도둑이 겁나지 않

5) 《서애집》, 연보, 14세 때
6) 《서애집》, 연보, 6세 및 13세 때

소?"라고 물었다. 이것은 그가 하도 열심히 공부하는 것을 목격하고는 밤이 깊어지는 것을 틈 타서 그 중이 도둑놈 행세를 하여 성룡의 마음가짐을 시험해 보려고 꾸민 행동이었다. 그의 이와같은 골똘한 향학 모습과 침착한 행동을 직접 본 스님은 감탄하면서 물러갔다고 한다.[7]

유성룡의 공부할 때 이와같은 진지한 태도와 열성은 어려서 공부를 처음 시작할 때부터 나타나고 있었음을 다음 사실들에서 발견할 수 있을 것이다. 먼저 그가 여섯 살 때 그에게 《대학》이란 유학 책을 가르친 종조부 유공석은 말하기를 "성룡의 행동은 마치 어른과 같아서 여러 아이들과 같이 놀지만 속된 말을 하지 않고, 글읽기에만 모든 마음을 쏟아 아버지의 꾸지람을 받은 일이 없었다."라고 하였다. 그리고 위에서 지적한 것처럼 여덟 살에 《맹자》를 배우고 있었다.

그러던 어느 날 하루는 그 책 가운데 《등문공편》을 아버지인 중영 앞에서 처음부터 끝까지 한 글자도 틀리지 않고 기억하고 이해하였다. 그러자 아버지는 너무나 기뻐서 그날은 공부할 과제를 내주지 않고 오늘은 하루 동안 푹 쉬라고 일러 주었다. 그러자 어린 성룡은 아버지께서 이제부터는 나에게 글을 가르쳐 주시지 않으려는 것으로 생각하고 근심에 싸여 식사도 하지 않았다는 것이다.[8]

지금까지 유성룡의 어린 시절에 대하여 간단히 살펴보았다. 이
것을 통하여 그는 그의 친가가 자리 잡고 있는 경상도 안동부 풍
산현 하회마을에서 어린 시절을 주로 보내면서 유학 공부를 시작
하게 되었음을 알 수 있을 것이다. 그리고 어릴 때는 특별히 따로
선생님을 정해 놓고 배운 것이 아니라 아버지를 비롯한 집안 어
른들을 통하여 공부를 했으며, 일단 공부를 시작하면 아주 열심히
진지하게 매달렸음을 확인할 수 있다.

7) 《서애집》, 서애 유선생 행장
8) 최영희 〈유서애 선생전〉, 《서애연구》 1집, 1978, 46쪽

폭넓은 학문을 연마하다 02

02 폭넓은 학문을 연마하다.

유성룡은 정통 성리학을 중심으로 공부하였다. 그리하여 어린 시절에 이미 《대학》·《맹자》·《논어》와 같은 유학의 주요 경전들을 읽기 시작했던 것이다. 그 뒤 보다 수준 높은 유학을 배우기 위하여 당시 유명한 성리학자인 퇴계 이황(1501~1570)을 찾아가게 되었다. 이때 그는 21세의 젊은 나이었는데, 형인 운룡과 더불어 도산에 몇 달 동안 머물면서 《근사록》을 비롯한 유학에 관한 책과 이론을 배웠다. 이 시기 그는 이황에게 성의를 다하여 간곡히 묻고 깊이 있게 탐구하였다.[9] 이황은 성룡의 침착하고 진지하게 공부하는 태도에 감동했는지 "이 사람은 하늘이 내린 사람이며 뒤에 큰 유학자가 될 것이다."라고 말했다.

퇴계 이황의 이름난 제자인 학봉 김성일(1538~1593)은 성룡에게

"내가 퇴계 선생 밑에 오래 있었으나 한 번도 제자들을 칭찬하시는 것을 본 적이 없었는데 그대만이 이런 칭송을 받았다."라고 말한 적이 있었다.[10]

이 당시 이황 선생에게 성룡이 가장 관심을 기울여 배운 책은 앞에서 거론한 《근사록》이다. 이 책은 성리학을 정리한 주자가 여조겸과 함께 편집한 것으로 성리학자들의 사상과 학문을 잘 간추려 요약한 것이다. 그러므로 그가 퇴계 선생에게 이 책을 집중적으로 배우고 질문했다는 것은 성리학의 중심에 깊이 들어가 그것을 파헤치고 이해하고자 했음을 알 수 있다. 이후에도 그는 이황을 계속 따르면서 영향을 받았는데, 사람들은 그를 이황의 수많은 제자 가운데 뛰어난 제자로 손꼽고 있다.[11] 즉 퇴계 이황 선생의 제자들 중에서 유성룡과 조목, 김성일 등 세사람이 우두머리라는 것이다. 그리고 유성룡은 평소에 늘 예의바른 언행으로 자신을 가다듬고 타고난 자질이 총명하여 보는 사람들이 큰 인물로 생각하였다. 이와 더불어 아침저녁 여가를 틈타 학문에 힘쓰는 한편 붓글씨와 문장 연습도 게을리하지 않았다.

9) 김호종, 〈서애 유성룡의 학문과 학통〉, 《역사교육론집》 31집, 138쪽
10) 최영희 앞의 논문 47쪽
11) 《선조실록》권211, 선조 40년 5월 을해

그리하여 유성룡의 제자들 가운데 한 사람인 장흥효(1564~?)는 유성룡에 대해 다음과 같이 평가했다.

"타고난 기품이 맑고 자질이 순수한 터에 일찍이 퇴계 문하에서 공부하였으므로 학문에 근원이 있고, 성리학의 정통적인 줄기를 얻었습니다. 그리고 덕망은 높고 업적은 무성하여 성리학의 우두머리가 되었습니다." 12)

이와 같이 그는 퇴계 학문인 성리학의 바른 계통을 이어받았을 뿐만 아니라 이것을 전파하는 일에도 게으르지 않았다. 그러므로 유성룡의 학문의 기본 토대는 아버지를 비롯한 가정에서의 가르침과 퇴계 이황의 가르침이 합쳐진 정통 성리학으로 생각된다. 따라서 그는 유학의 여러 계통 중에서도 성리학만을 중심으로 인정하고 그 이외의 것은 잘못된 것으로 이해하여 한 단계 낮추어 평가하고 있었다. 그것은 다음 두 가지 자료를 통하여서도 충분히 엿볼 수 있을 것이다.

(1) 유성룡은 선조 즉위 초에 성절사 서장관으로 중국 명나라 수도에 갔는데, 그때 그곳 대학생들에게 묻기를 "이 나라 유학자들 가운데 으뜸가는 스승은 누구인가?"라고 하였다. 그러자 학생들은 왕양

명·진백사라고 대답했다. 이에 성룡은 "진백사는 학문이 정밀하지 못하고 왕양명의 학설은 오로지 불교의 선종에서 나왔으니, 설문청의 학설이 순수하다." 라고 주장하였다.[13]

(2) 내가 홍문관 수찬으로 근무할 때는 일시적으로 육상산의 유학 이론도 좋아하였다. 그러나 그 뒤 금계의 산속에서 어떤 늙은 중이 불경과 대혜어록 등의 책을 가져와서 보여 주었다. 그래서 한가한 틈에 읽어본 결과 그 내용과 사상이 육상산학과 서로 비슷했다. 특히 육상산이 앞면의 글들을 고쳐 유교 학설로 만든 것을 알고는 이후 주자의 성리학설을 더욱 독실하게 믿었다.[14]

유성룡은 이처럼 성리학을 모든 학문의 기본으로 생각하고 열심히 공부했던 것이다. 그리하여 벼슬하는 도중이나 다른 경우에도 틈만 생기면 쉬지 않고, 성리학에 관한 책을 읽었으니《대학》·《중용》·《논어》·《맹자》·《근사록》 등이 그것이다.

성리학과 더불어 성룡은 예학에 대하여서도 상당한 관심을 기울이고 있었다. 예학이란 각종 의식에 따른 의례와 예의범절에 관한 학설로, 이것은 성리학과 깊은 관계를 지니고 있다.

---

12)《경당집》, 서애 유선생 제문
13)《창석집》, 서애 유선생 행장
14)《서애집》 권13, 상산학 여불일양

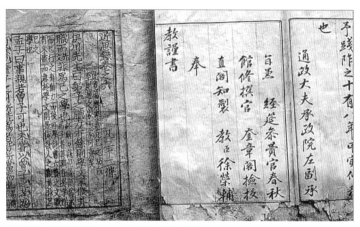
《근사록》 유성룡은 퇴계에게 이 책을 주로 배웠다.

그리하여 그는 충성스럽고 믿을 수 있는 사람은 우선 예의를 배워야 한다고 주장하였다. 이를테면 부자유친·군신유의·부부유별·장유유서·붕우유신과 같은 오륜과 스승과 제자 사이의 예를 인간이 지켜야 할 기본적인 예의로 이해하고 이것을 실제의 생활에서 실천하도록 요구했다. 이러한 예학과 예법을 지키도록 남에게 요청할 뿐만 아니라, 자기 자신이 몸소 이를 실천하여 모범을 보이는 동시에 이것을 보급하는데도 힘을 기울였다. 그리하여 그가 벼슬살이를 할 때도 늙으신 부모님을 봉양하고자 여러 번 상소를 올렸으며, 부모님 별세 뒤에는 3년 시묘를 성실히 하였다.

그리고 지방 행정을 맡거나, 교육과 예법 등을 맡은 예조판서로 있을 때는 의례를 보급고자 노력했다.

(1) 그가 상주 목사로 있을 때 자기 자신이 올바르게 처신하면서 매월 초하루와 보름에는 향교의 문묘사당 참배를 빠지지 않고 하였다. 그리고 향교 재학생들에게는 오륜을 우선적으로 가르쳐 지방을 교화하는데 진력하였다.[15]

(2) 그가 예조판서로 있으면서 성균관 유생들에게 당부하기를 "사람은 하늘과 땅의 가장 중요한 요소를 받고 태어난다. 그런데 사람의 성품은 인·의·예·지의 이치를 두루 갖추고 그 도리는 오륜이 있어서 이것을 자신이 실천해야 하는 것이다." [16]

지금까지 서애 유성룡이 중심적인 학문으로 생각하는 성리학과 예학에 대하여 간단히 살펴보았다. 우리는 대체로 성리학이라고 하면 실속 없는 공허한 이론 중심의 학문으로 이해하기 쉽다. 따라서 그도 허무맹랑한 이론 위주의 공부를 숭상하고 이것을 강요한 것으로 오해할 수 있으나, 실제로는 전혀 그렇지 않음을 알아야 할 것이다. 성룡은 어떤 사실을 아는데 그쳐서는 옳지 않으며, 이것을 행동으로 옮겨야 가치 있다고 주장하고 있다. 그는 바른 학문이라는 것은 근분 원리와 실천이 함께 구비되어야 하며,

---

15) 《서애집》, 행장
16) 위의 책 별집 권4, 관학제생동몽유문

이런 공부가 바로 성인의 도리에 합당하다고 보았다. 즉 그는 어떤 원리를 아는 것도 중요하고, 이것을 실행하는 것도 중요하다고 하였다. 그러므로 아는 것과 실행하는 것을 다 같이 중시하여야 학문이 되고 진리를 알 수 있게 된다는 것이다. 따라서 성룡은 아는 것과 실행을 겸하여 온전히 할 것을 강조하였다.[17]

유성룡의 이와 같은 생각 때문인지는 잘 알 수 없지만 그는 성리학 이외에도 실제 생활에 유용한 여러 방면의 학문에 상당한 관심을 보이고 있으니 지금부터 이에 대한 것을 살펴보고자 한다. 먼저 그는 당시 사이비 성리학자들이 거의 외면하고 있는 오늘날의 기술학에 관계되는 군사학·의학·지리학 등에도 매우 흥미를 갖고 탐구하였다. 이렇게 실천과 직결된 여러 가지 기술학적 지식은 그 뒤 임진왜란 극복과 어려운 현실 문제 해결에 많은 도움을 주었다.

우선 병학, 즉 군사학에 대한 그의 견해를 보면, 군대에 있어서는 질서와 조화가 유지되어야 한다고 말한다. 이것을 다른 말로 표시한다면 군대에 있어서는 기강이 확립되는 것이 무엇보다도 중요하다는 주장이다.

그러므로 군법을 엄하게 집행하여 군대 안의 질서를 바로잡도록 노력했던 것이다.[18] 이것과 더불어 강한 군대를 만드는데 필요한 조건은 군수품을 제대로 공급하여 무기와 군량 보급에 차질이 생기지 않도록 하는 한편 군사 훈련을 철저히 시행함으로써 강군이 된다고 보았다. 여기에 유능한 장수를 뽑아 적절하게 전략과 전술을 세워 실천한다면 적군을 물리칠 수 있다고 생각했다.[19]

유성룡은 자신이 자주 병을 앓았을 뿐만 아니라, 주변에 질병으로 고통받는 사람들이 많은 것을 안타깝게 여기고 의학에도 관심을 갖고 지식을 쌓았다. 다음 글을 보면 유성룡이 의학에 대해서도 상당한 식견을 가졌음을 알 수 있다.

(1) 나는 젊은 시절부터 많은 병으로 고통을 받았기에 《의학 입문서》를 오랫동안 읽어 보았다. 나는 지금 고향인 하회에 내려와서 질병이 생겨도 치료할 방도가 없다. 그리하여 여기에 각 의학 책을 정리하여 고향 사람들도 침과 뜸에 관한 방법을 조금만 안다면, 이것을 보고 쉽게 이해하도록 하였다. 그리고 앞으로는 한글로 이를 번역하여 우매한 여자들도 쉽게 이용할 수 있도록 하고자 한다.[20]

(2) 무릇 사람의 배꼽은 처음 태어날 때 부모의 정기를 받은 것 이다.

17) 송긍섭, 〈서애선생의 기본사상〉 《서애연구》1집, 1978, 137쪽
18) 《선조실록》권34, 선조 26년 1월 정축
19) 《서애집》본집 권7, 청훈련군병계
20) 위의 책 별저편, 〈침구요결〉

…… 사람이 평소 치료법에 맞도록 배꼽에 쑥으로 뜸을 뜬다면 영혈과 보위하는 기운이 조화를 이루어 건강을 유지할 수가 있다.[21)]

(1)과 (2)를 통하여 그는 당시의 실생활에 적용할 수 있을 정도로 전통 의학에 대해 상당한 수준까지 이해하고 있었을 뿐만 아니라, 이것을 일반 국민들에게 보급하기 위하여 애쓰는 모습도 알 수 있다.

유성룡은 풍수지리학에도 깊은 이해와 관심을 가졌다. 그는 부모님이 세상을 떠나면 묘지를 선택하게 되는데, 이 경우 풍수인 지사에게 의지하지만 말고 지리학을 약간 공부하게 되면 스스로 묘터를 가릴 수 있다고 하였다. 그렇게 되면 못난 사나이 소리는 듣지 않고 지리학 지식을 실제로 이용하게 된다고 보았다. 그리고 부모님 장례를 치르는데 필요한 묘터를 가리는 목적이 돌아가신 부모님을 편안히 모시고자 하는데 있는 것이지 살아 있는 자손들이 복을 누리는데 두어서는 안 된다고 하였다. 만약 그러한 생각을 갖는다면 그것은 이미 효자의 마음과는 거리가 먼 것이라고 보았다.[22)]

이밖에 그가 관심을 가진 기술학 분야로는 농업과 어염업이 있다. 농업에 대한 관심은 평소에도 컸지만 특히 임진왜란 때 군량

공급과 굶주린 백성들의 구제라는 절박한 사정으로 더욱 중대되었다. 그리하여 둔전의 설치와 황무지 개간에 힘을 쏟는 한편, 피난민의 노동력을 활용하여 농장 경영의 합리화를 이루어 식량 보급에 크게 도움을 주었다. 어염업에 있어서 그가 특히 힘을 쏟은 분야는 소금을 만드는 일이었다. 당시 소금은 식량에 뒤지지 않을 정도로 생활필수품으로 이것을 보다 많이 생산하고자 여러 가지 방법을 알려주었다. 그 결과 군인들과 일반 국민들의 소금에 대한 요구를 어느 정도 충족시켜 줄 수 있었다.[23]

마지막으로 유성룡이 관심을 기울인 학문 분야로 빼놓을 수 없는 것이 우리나라에 관한 학문, 즉 국학 분야이다. 여기서는 주로 우리의 역사와 지리 그리고 문학 등에 관심이 컸다. 그는 나라를 바르게 세우고 잘 다스리는 방안으로 무엇보다 우선해야 될 것은, 우리나라의 역사를 제대로 편찬하는 일이라고 생각하였다. 이것은 아마도 국가의 정통성 확립은 그것에서만 가능하다고 보았기 때문일 것인데, 그의 사상은 다음 자료에서 알아볼 수 있다.

---

21) 위의 책 별저편, 〈침구요결〉 연제법
22) 위의 책 별저편, 〈신종록〉 서문
23) 《선조실록》권65, 선조 28년 7월 을유

춘추관 영사 유성룡이 임금에게 아뢰기를 "국가가 해당 부서를 설치하여 나라의 역사를 편찬하는 것은 대단히 중요한 일입니다. 임진왜란 이후 서울로 되돌아온 지 얼마 되지 않아서 모든 일을 새로 시작하는 판이라 경황이 없어 춘추관을 아직 설치하지 않았는데, 이것은 국사를 편찬하는 기관의 중요성을 무시하기 때문입니다." [24]

유성룡은 나라의 역사를 편찬하는 기구인 춘추관의 설립을 먼저 하자고 강조한 것이다. 이것과 더불어 그는 젊은 사람들이 공부할 때 유교 경전에만 너무 치우치지 말고 역사책도 같이 읽어 안목을 넓히도록 당부하였다. 이렇게 공부하면 지식이 편협되지 않아 원만한 인격 형성에 도움을 줄 뿐 아니라, 인간과 사물을 보다 폭넓게 볼 수 있는 능력이 생긴다고 생각하였다.

다음으로 그는 우리나라의 지리와 지도 제작에 애착과 관심을 갖고 활동을 게을리하지 않았다. 그리하여 우리나라 지도인 '동국지도'를 제작하도록 지시하였는데, 그것은 행정과 국방에도 크게 이바지하는 바가 되었다.

그뿐만 아니라 사적인 경로를 통하여 그의 제자들에게 지방의 읍지를 편찬하도록 당부하여 상당한 성과를 올릴 수 있었다. [25]

끝으로 그는 우리나라 조상들의 얼이 서려 있는 전통적인 시

문학에 상당한 애착을 갖고 있었는데, 특히 조선 초기에 편찬된, 서거정(1420~1488)의 《동문선》을 매우 좋아했다.[26]

《동문선》 서거정이 쓴 전통문학

그것은 이 책에 실린 문장이 중국 사람들의 문장이 아니라, 바로 우리의 정신과 혼이 깃든, 민족 주체의식이 강한 우리의 문장이기 때문이다.

24) 《선조실록》권52, 선조 27년 6월 무진
25) 《서애집》문현록 권3, 권기 및 김치관
26) 위의 책 문현록 김공

벼슬길에 들어서다

03 벼슬길에 들어서다

　유성룡은 처음에는 벼슬보다는 학문만 연구하고자 했으나, 이상을 실현하기 위해서는 벼슬을 해야 한다는 주변 사람들의 권유로, 과거 준비도 게을리하지 않았다. 그리하여 22세 때 동당 초시에 합격하고, 그다음 해에는 생원회시에 1등으로 합격한 뒤, 24세 때는 지금 국립 서울대학교 격인 태학, 즉 성균관에 입학하였다. 태학에 들어간 지 1년 뒤인 25세에 문과에 급제한다.

　과거에 합격한 뒤 그가 제일 먼저 받은 직책은 외교문서를 담당하는 승문원의 권지부정자였다. 그 이듬해는 추천을 받아서 예문관의 검열 겸 춘추관의 기사관이 되었다. 이때 추천을 받은 것은 확실하지 않지만 가정적 배경도 작용하였을 것으로 추측된다. 그렇게 추측할 수 있는 근거는 우선 그즈음 그의 종숙부 유경심이 호조참판을 거쳐 병조참판으로 있었으며, 아버지 중영은 충청도 청주라는 큰 고을의 수령으로 재직 중이었다. 또한, 그는 17세에 부인 이씨와 결혼했는데, 그의 처가는 전주 이씨 종실로서 세종대왕의 아들인 광평대군의 후손이었다. 여하튼 그 뒤로 성룡은 비교적 순조롭게 벼슬길로 나아가 28세 때인 1569년에 성균관 전적에서 행정의 중심인 공조 좌랑으로 크게 승진하였다.

유성룡이 이렇게 파격적 승진으로 행정의 중심부로 들어올 수 있었던 것은 앞에서 지적한 가문의 배경이나, 당시 존경받던 학자인 퇴계의 뛰어난 제자였다는 사실도 무시할 수는 없지만, 무엇보다 크게 작용한 것은 그 자신의 능력과 합리적 처신이었다. 또한, 쾌속 승진의 결정적 계기는 그간 비뚤어진 문소전의 왕실 신주 배열의 질서를 바로 잡았기 때문이기도 하다. 이 문제는 그의 스승 퇴계가 제기하여 수정하고자 했던 것으로, 유성룡의 상소로 비로소 젊은 사대부들의 뜻이 관철될 수 있었다.[27] 그 후 30세 때는 병조 좌랑에 올랐고, 32세에 이르러서는 이조 좌랑으로 자리를 옮겼다. 그러나 이해에 아버지가 세상을 떠나서 3년간 시묘를 위하여 벼슬에서 물러났다.

---

27) 《서애집》 연보, 28세 때 및 같은 책 잡저. 기인묘부 문소전사
28) 위의 책, 연보 36세
29) 위의 책, 무빙차자.

아버지의 3년 상을 마치고 35세가 되자, 사간원 헌납이란 직책으로 다시 벼슬길에 올랐다. 사간원은 사헌부, 홍문관과 더불어 삼사의 하나로 임금의 잘못을 간쟁하는 대표적인 중심 기관이다.

그다음 해는 홍문관으로 옮겨 응교가 되었다. 홍문관이란 관청은 문한을 맡은 기관으로 당시 참신한 엘리트 관료들이 가장 근무하기를 바라는 곳이었다. 이때 궁중의 예법 문제가 거론되자, 그는 해박한 예학 이론을 근거로 논리를 전개하여 임금인 선조로 하여금 인성왕후의 상복을 승중복의 관례에 때라 3년간 입도록 하였다.[28]

그가 관직에 있는 동안 동인과 서인으로 갈라져 당쟁의 논란이 생기자 성룡은 이를 크게 우려하여 동지들과 함께 이를 진정시키려고 노력했으나, 뜻대로 되지 않았다. 그래서 잠시 벼슬자리를 사퇴하고 고향으로 돌아와 쉬는 처지에 이르렀다.

그다음 38세 때는 다시 서울로 불려가 홍문관 직제학이 되어 자주 경연에 참석하여 자기의 견해를 밝혀나갔다. 이때 김우옹과 뜻이 비슷하여 경연에서 서로 동조하면서 활동하는 경우가 많았다. 40세가 되자 홍문관 부제학이 되었는데, 부제학은 홍문관을 실질적으로 이끌어 나가는 책임자였다. 이해 겨울에 얼음이 잘 얼지 않아 당시 사람들은 하늘의 노여움이 나타났다고 야단이었다.

이때 성룡은 그의 동료들과 얼음이 얼지 않은 데 대한 대응 차자를 올려[29] 국가 지도층의 각성을 촉구하였다.

그중 주요한 몇 가지를 소개하면 다음과 같다.

첫째, 왕 자신이 먼저 성실히 덕을 닦아야 한다. 즉 겨울에 얼음이 없다는 것은 큰 이변인데, 이것은 왕의 성실한 마음이 부족하기 때문이며, 아울러 왕이 바른말 듣기를 싫어해서 생기는 현상이므로 이러한 폐단을 고쳐야 한다는 것이다.

둘째, 왕과 궁중에 관계되는 일이라도 잘못이 있으면 비판할 수 있도록 언론의 자유가 보장되어야 기강이 확립될 수 있다.

셋째, 왕과 궁중이 바로 되자면 이것과 연결되는 부당한 인사 채용이 없어야 한다. 부당한 인사 채용이 온갖 폐단의 원인이 된다고 이해했던 것이다.

넷째, 예의와 염치를 길러 이익만을 좇는 나쁜 풍조를 바로잡아야 한다.

다섯째, 방납의 폐단을 막아 나라의 근본인 국민들의 생활을 넉넉하게 해야 한다.

---

28) 위의 책, 연보 36세
29) 위의 책, 무빙차자

병산서원 고향에 내려온 유성룡은 이곳 등에서 제자들을 가르쳤다.

여섯째, 학교를 많이 세워 학문을 숭상하는 분위기를 만들고 선비들의 기풍을 바로 세워야 한다.

이것을 통해서도 평소 그의 사상을 파악할 수 있을 것이다.

성룡이 42세가 되었을 때 왕실의 경안령 이요가 선조 왕을 면대하여 "유성룡·이발·김응남 등이 동인의 우두머리로서 권력을 멋대로 행사하니 이것을 억제시켜야 합니다."라고 청하자 그는 벼슬을 그만두고 고향 하회로 내려와 병산서원 등에서 교육과 독서로 소일하였다. 고향에 있을 때 함경도 관찰사에 임명되었으나 부임하지 않았으며, 그 뒤에도 몇 차례 벼슬을 사양하고 나아

가지 않았다. 그러다가 47세 때 이성중의 강력한 추천으로 지금의 법무부 장관 격인 형조판서에 올랐다. 당시 사대부들이 동 · 서로 나누어지자 그는 이를 극복하려고 상당히 노력하였다.[30] 그러나 그는 주로 퇴계 이황 문인들과 뜻을 같이 하면서 여론을 형성하게 되었다.

벼슬살이에 있어서 유성룡은 47세 이후부터는 그 위치와 역할이 매우 달라지는 추세였다. 즉 그 이전과는 달리 이 시기부터는 정책을 계획하고 추진하는 높은 관직을 맡게 되었다.

형조판서가 된 그 이듬해에는 다시 병조판서와 예조판서를 연달아 거치게 되었다. 그런데 같은 해 10월에 동인에 속하는 정여립이 반역을 꾀하는 사건을 일으켰다. 그래서 동인의 우두머리 위치에 있는 유성룡은 책임을 통감하여 스스로 탄핵하면서 벼슬에서 물러나기를 간청하였다. 그러나 그의 사퇴 요청은 받아들여지지 않았으며 오히려 왕의 특명으로 이조판서에 임명되었다.

정여립의 모반 사건으로 서인이 세력을 크게 떨치자, 선조 임금은 서인들의 횡포를 견제하기 위하여 동인에 속하는 유성룡을 의정부 우의정으로 임명하였다. 이때 그는 우의정으로서 이조판

---

30) 위의 책, 답김숙부, 기묘

서를 겸하면서 정치계를 이끌어 가는 위치에 이르렀으나, 정국 운영은 서인들에 의해 이루어지고 있었다. 그러나 이때 서인의 우두머리 격인 좌의정 정철이 세자를 정할 것을 왕에게 주청하다가, 동인의 반격을 받아 강계로 귀양 가면서 동인들은 다시 세력을 회복하게 되었다. 그리하여 그가 50세에 이르러 좌의정이 되었는데 이때도 이조판서를 겸임하였다. 그런데 이조판서란 직책은 당시 지배계급인 사대부들이 원하는 문관 벼슬자리를 담당하는 매우 중요한 자리였다. 그러므로 어느 당파에 치우치지 않는 비교적 공정한 사람이 맡아야 하는 그런 직책이다.

그때 동인은 정철 처벌 문제로 강경파와 온건파로 갈라졌는데, 유성룡은 정철을 가볍게 처벌하자는 온건파, 즉 남인의 우두머리이었다. 따라서 그는 동인과 서인의 대립 상태에서 비교적 중간의 조정자 위치에 있었으므로 이조판서를 겸임할 수 있었을 것이다.

그러나 이런 사정이 뒷날 북인들의 공격을 받아 그가 정치계에서 실각하는 계기가 되었다고 볼 수 있겠다.

이때 통신사로 일본에 갔던 황윤길이 귀국하였다. 그가 가져온 일본의 답서에 "군대를 이끌고 중국 명나라에 들어간다."라는 문귀가 있어 논쟁이 있었으나, 유성룡은 사실대로 중국에 알릴 것을 주장하여 그대로 명나라에 통보하였다.[31]

또한, 일본의 침략 가능성이 높아지자 대비책의 하나로 이순신과 권율을 장수감으로 천거하였다.

1592년선조25 그가 51세가 되었다. 이해 4월에 드디어 임진왜란이 발생하자 그는 왕의 특명으로 병조판서까지 겸임하여 군사 관련 사무까지 모두 지휘하게 되었다. 그리고 영의정이란 최고의 벼슬자리에 올랐으나, 왜란 초기의 패전에 대한 책임론에 의해 파직되었다. 그해 6월에 다시 벼슬에 올라 풍원부원군이 되어 군량 보급에 힘쓰는 한편 군사 업무를 조목별로 상소하여 이 방면의 실력도 인정받게 되었다.[32]

이듬해 그가 52세에 이르러 호서·호남·영남을 관장하는 삼도 도체찰사란 직책을 맡았는데, 이는 전년 12월의 평안도 도체찰사 직책과 합하면 거의 모든 전시 군사 업무를 관장했음을 의미하는 것이다. 이때 그는 각처에 격문을 보내 의병을 일으키게 하는 한편 군사훈련을 시키고 굶주린 백성들을 구제하는데 심혈을 기울였다. 이러한 일과 더불어 이해 10월에는 훈련도감을 설치하여 정예병을 뽑아 절강 병법에 의해 군대를 편성하였으며, 다시 영의정에 임명되어 1598년까지 전시 정부를 이끌어 나갔다.

---

31) 위의 책 진왜정 주문
32) 김호종, 앞의 책 31쪽

56세 때는 왜군에 대응하기 위하여 문경 새재에 방어 시설을 쌓게 하였다. 이는 수도 서울을 지키는데 있어서 충주의 지리적 중요성을 절실히 깨닫고, 충주를 방어하자면 가까이 있는 천혜의 요새지인 새재를 우선 지켜야 하기 때문이었다. 이러한 대비책으로 정유재란 때는 왜군이 새재로 접근하는 것을 막을 수 있었다.

이해 4월에는 지방 특산물로 바치는 공물을 쌀로 바치게 하여 군량미 확보에 도움을 주게 했는데, 이것은 조선 후기 대동법의 전신이 되었다.[33] 같은 해 겨울에 군국기무 10가지 방안을 왕에게 올려 구현하게 했는데, 이는 당시 군사 정책의 요체로 그의 군사에 관한 사상이 드러나 있다.

1595년 그가 54세 때는 1589년 정여립 모반 사건 때 억울하게 처벌받은 사람들의 원한을 풀어주도록 요청했는데, 결과적으로 동인들이 많이 구제되었다. 이리하여 각 당파의 세력 균형이 어느 정도 이루어지게 되었다.

이해 12월 유조인이 상소하기를 "개인 집에서 부리는 종들을 뽑아 군대로 뽑는 것은 잘못된 정책이다."라고 하였다. 이에 대하여 그는 "개인의 종도 분명히 국민이므로 국가가 위급할 때는 그들도 국토 방위에 종사하는 것이 당연하며, 주인들의 이익만을 생각해서는 안 된다."라고 역설했다.[34] 그 이듬해 55세 때는 군사를 훈련시키는 규칙을 제정하여 각 도에 보냈으며, 군사를 현재 살고 있는 마을을 중심으로 편성하게 하여 생업에 지장이 없도록 하였다.

56세 때인 1597년 1월에는 정유재란이 다시 발생하였다. 이해 2월 그가 경기도를 순찰하는 사이에 조정에서는 이순신 장군에게 죄를 주었다. 즉 왕인 선조는 이순신을 파면하고 원균을 통제사로 삼았다. 평소 유성룡은 그런 조치를 반대했으므로 선조는 일부러 그에게 경기도 순찰을 지시한 것이다. 그 결과 원균은 왜적에게 대패했으며 그동안 지켜졌던 곡창지대인 호남지방까지 적에게 유린되고 말았다. 이때 유성룡은 전쟁을 치루면서 오랫동안 영의정 자리에 있었기 때문에 여러 번 사직 상소를 올렸다.

57세에 이르자 반대파인 북인들은 그를 몰아내기 위해 일본과 화친을 주도했다는 누명을 씌워 탄핵하기 시작하였다. 이해 10월 9일 북인들의 계속적인 탄핵 공격에 몰려 유성룡은 끝내 벼슬자리에서 쫓겨나 고향 하회로 돌아온다.

33) 김윤곤, 〈대동법 시행을 둘러싼 찬반양론과 그 배경〉, 《대동문화연구》 8집, 1971
34) 《서애집》, 유조인 상소회계

국가 운영에 대한 기본적인 생각 04

04 국가 운영에 대한 기본적인 생각

유성룡이 벼슬을 하면서 국가와 국민들의 행복과 성장 발전을 위하여 추진하고자 했던 기본적인 주장과 생각은 어떠했는가.

먼저 그는 국가의 중요한 일을 결정하고자 할 때는 공론, 즉 지금 말로 표현하면 여론을 매우 중요하게 여겼다. 국가의 통치자는 정책을 결정하면서 어느 한편의 이야기만 듣지 말고 여러 계층의 의견을 공평하게 청취하여 결정해야 조화와 질서를 유지할 수 있다고 생각했다.

공론이란 사사로운 논의가 아니고, 여러 계통에 속하는 많은 사람이 토론한 공정한 논의이다. 공론을 우선적으로 채택하면 나쁜 기운이 침입할 수 없어서 모든 일이 순조롭게 진행될 수 있으므로, 그는 여러 번 왕에게 공론을 존중하도록 상소하였다. 누구

든지 공론을 어긴다면 이것은 바로 죄를 짓는 행위이며, 국가와 국민을 위태롭게 한다고 보았던 것이다. 그러므로 왕도 공론과 자신의 의견이 상반되었을 때는 자신의 의견을 버리고 공론을 따라야 한다고 생각하였다. 왜냐하면 누구라도 공론에서 벗어난다면 일반 국민으로부터 버림을 받기 때문이다.[35] 따라서 그는 언론을 담당하는 직책을 중요하게 생각하여 공론이 만들어지는 통로를 막히지 않게 노력하였음을 다음 상소를 통해서도 엿볼 수 있다.

> **"언론 담당자가 한 번 입을 열어 잘못을 저지른 왕실 외척을 탄핵하였다고 내쫓으려 한다면 언론의 통로가 막히고 외척들은 그들 마음대로 날뛸 것이니 이것은 심히 부당합니다."[36]**

유성룡은 이처럼 강력히 상소하여, 공론을 형성하는데 큰 구실을 하는 언론 담당관들을 보호하고 왕실 외척들의 횡포를 줄여 나가게 되었다. 공론이란 공공의 이익을 대변하는 의론이므로 소수의 이익을 대변하는 사론과는 구별되는 것이다. 그러므로 그는 사론보다는 공론에 무게를 두고 이를 구현하고자 심혈을 기울였다.

---

35) 위의 책, 사직차자, 무술 9월
36) 《서애전서》권3, 서애 선생 행장(이준 찬)

둘째로 그는 정치를 수행하는데 있어서는 합리적 생각을 지닌 건전한 지식인들이 서로 뜻을 모아 일정한 조직체를 만들 필요가 있다고 보았다. 이런 사람들을 그는 군자라고 하고 그런 조직을 붕당으로 생각한 것 같다. 이 붕당은 오늘날 민주국가에 있어서 정당과 비슷한 것이다. 여기에 대한 그의 견해를 다음 자료에서 찾아볼 수 있다.

"대개 군자들이 착한 일을 추진할 때나, 소인들이 악한 일을 하고자 할 때는 대부분 그들의 동지들과 서로 상의해서 합니다. 그런데 소인들은 고집 스러운 마음과 사사로운 꾀로 남을 시기하고 억압할 마음을 갖습니다. 그러 나 군자들은 마음 쓰는 것과 이를 처리하는 것이 모두 공정하여 시기심과 같은 것은 없고 서로 동지들과 의논하여 착한 일이라면 따르기를 좋아합니 다." [37]

합리적이고 건전한 지식인들인 군자들만이 그들 무리로 어떤 정치적 조직체를 만들어 서로 상의함으로써 공정하고 착한 일을 추진할 수 있다는 것이다. 따라서 이들이 만든 정치적 조직체가 붕당이 될 수 있다고 생각하였다. 그리고 이들 군자들이 모여 붕 당 안에서 서로 어떤 정치적 문제를 논의하는 것은 독선을 막는 좋은 일로 이해하고 있다.

그리고 그들 군자들이 논의하는 과정에서 의견이 서로 대립되는 것은, 공론이 형성되기 전까지는 있을 수 있다고 생각하였다. 그러나 소인들이 자기들만의 이익을 위하여 당을 만드는 것은 옳지 않다고 보았다. 그뿐만 아니라 유성룡은 어느 당파가 정치권력을 독점하여 마

《운암잡록》 이 책의 붕당조에는 유성룡의 정치관이 들어 있다.

음대로 전단하는 것은 많은 부작용을 낳기 때문에 옳지 않다고 보았으나, 그렇다고 권력이 너무 여러 갈래로 나누어지는 것도 통치상 문제가 있다고 생각했음을 그가 지은 《운암잡록》의 다음 구절을 통해서 알 수 있다 .

"명종 시대에는 권신들이 정권을 잡았으므로 폐단은 권력의 전단에 있었고, 선조 때는 조정의 신하들이 당파를 만들었기 때문에 정치권력의 분산이 그 폐단이었다. 권력을 전단하게 되면, 정치의 옳

---

37) 《서애집》 여남의중

고 그른 것을 물론하고 그것이 한쪽으로만 몰린다. 그러나 정치권력
이 너무 분산하게 되면 세상이 너무 시끄럽고 어지러워져서 정치체
제의 모양을 이룰 수 없게 된다." [38]

정치적 이상을 실현하자면 그는 붕당을 통한 공론의 형성이 필
요하다고 보았다. 그러나 공론을 규합하자면 옳고 그름을 가려야
하고, 그것을 가리자면 언론에 의한 공개적인 토론을 거쳐야 하므
로 자연히 말이 많게 된다. 근대 이전의 왕조 사회에서 이러한 현
상은 얼핏 생각하면 질서가 없는 듯이 보이지만 그것은 공정한 도
리를 실현하는 정치이다.

그리하여 그는 이 세상에서 "옳고 그른 것을 가리는 일보다 더
중요한 것은 없다. 옳고 그른 것을 가린 뒤에야 좋아하고 싫어하
는 것을 밝힐 수 있고, 좋아하고 싫은 것을 밝힌 뒤라야 취하고 버
릴 것을 정할 수 있을 것이다."[39]라고 자기의 견해를 나타내고 있
다.

그의 정치에 대한 이상적인 희망은 공론에 의하여 시비를 가리
는 것이고, 그 다음에는 공론에 따라 잘못된 것을 미워하고 올바
른 것을 좋아하는 것이다.

그래서 옳은 것을 가려 시행하고자 했으므로 정책의 선택은 공

론이 그 기준이었다. 그러나 정치의 현실은 붕당이 서로 나뉘어 벼슬이나 이익을 구하는 데만 눈이 어두운 사람들이 많았다. 즉 당파를 지나치게 추구하는 성향이 심하였다. 이러한 현상을 바로 잡을 수 있는 길은 최고 권력자인 왕을 통하여서만 가능하다고 그는 보았다. 그것은 왕이 올바른 원칙을 세우고 어떤 사람을 미워하거나 싫어함이 없이 중도적 입장에서 균형된 정치를 하여야 한다는 것이다. 이런 상태에서 올바른 붕당을 만들어야 바른 정치가 운영될 수 있다고 생각하였다.

> "세상이 잘 다스려질 때는 옳고 그른 것과, 다르고 같은 것이 다 공정한 마음에서 나오므로 나라와 자신을 위하는 일에서 사사로운 마음이 그 사이에 섞이지 않는다. 그러므로 자기가 좋아하지 않는 사람이라도 옳은 경우가 있으면 주저 없이 동의해야 한다. 그때 동의한다고 해서 아부하는 뜻은 아니다." [40]

즉 유성룡은 당시 지배층인 사대부들이 만든 붕당 사이에 서로 견해가 다르더라도 사사로이 자기 당파의 이익만 돌보지 말고, 공

---

38) 유성룡, 《운암잡록》붕당
39) 위의 책, 붕당
40) 같은 책, 붕당

정하게 공론을 형성하여야 국가와 국민이 안정되고 발전할 수 있다고 보았다. 그는 붕당 문제에 있어서도 당시 강대국인 중국 명나라에 대하여 당당히 자주적 주권국가로서의 우리의 체통을 지켜나갔던 것이다.[41)]

셋째로, 유성룡은 정치 운영에 있어서 올바른 인재의 선발이 큰 비중을 차지한다고 생각하였다. 인재를 뽑을 때 중요한 기준으로 삼은 것은 그 사람의 덕망과 능력 및 끈기 등이었다. 이런 조건을 갖춘 인물을 차별 없이 공정하게 중립을 지키면서 뽑아야 국가가 안정되고 발전한다는 것이다. 그는 유능한 인재는 평화시절은 말할 것도 없고 전쟁 때에도 큰 구실을 한다고 보고 유능한 장수의 선발에 힘을 기울였다. 나아가 유능한 인재 선발의 전제 조건은 국가의 지도층이 정치를 안정적으로 잘하는 것으로 보았다. 즉 정치가 잘 운영되면 전쟁 때 우수한 장수를 제대로 선발할 수 있을 뿐만 아니라, 백성들의 마음을 화합시켜 군사들의 훈련도 제대로 시킬 수 있다고 생각한 것이다.[42)] 이와 같이 정치 운영상 인재 채용을 강조하는 것은 유교의 혁신 이론에 그 바탕을 두고 있다.

근대 이전의 전통사회에 있어서 왕조들의 체제 변화는, 나라를 새로 세우는 창업에서 이것을 유지하여 이어가는 수성으로, 그리고 멸망하여 다시 새로운 창업으로 바뀌어 나간다. 그런데 이런 멸망을 방지하고자 한다면 혁명이란 극단적 방법 대신 유능한 인재를 채용하여 개혁을 추진함으로써 가능하다는 것이다. 유성룡의 정치사상 가운데 우수한 인물 발탁에 의한 개혁이나 혁신 이론은 민본사상과도 일치한다. 민본이란 백성, 즉 국민을 정치의 근본으로 삼는 것이다. 그는 백성들의 안정된 생활을 유지하여 이것을 보호하고 기르는 것을 가장 중요하게 여겼다. 그리하여 기회가 있을 때마다 경연에서 민본사상을 왕에게 이야기했던 것이다.

넷째로, 그는 국가 운영상 노비 신분의 향상과 개선에도 큰 관심을 두고 이를 추진하였다. 그가 중책을 맡았던 시기가 임진왜란이라는 긴박한 상황이어서 군인에 대한 수요는 많고, 이를 충당할 일반 양인들의 숫자는 줄어 이에 대한 해결책이 절실히 요구되고 있었다. 당시 노비를 부리고 있던 지배층 인사들은 이러한 국가의 요구를 아랑곳하지 않고 자기들 이익만 얻기 위하여 노비의 신분 향상을 적극 반대했던 것이다. 그때 지배층의 노비는 그들의 수족과 같아서 온갖 궂은일을 도맡아 처리하였으므로 재산으로 취급되는 중요한 존재였다. 따라서 당시 지배층들은 그들의 노비들을

---

41) 《서애집》잡저, 계사 겨울 사천사사조에, 명나라 사신인 사헌이 우리의 붕당에 대하여 묻자, 그는 "이것은 우리의 국내 정치에 관한 것이므로 우리 왕에게 대답할 일이지 사신에게 대답할 일이 아닙니다."라고 거절했다.
42) 위의 책 서 답전청안 유정

조선시대 당시 시대상 조선시대 때의 계급을 보여주는 민화이다.

그대로 붙잡아 두려고 몸부림치고 있었다. 그러나 유성룡은 의정
부 영의정으로 국가의 정치를 책임지게 되면서 당시 지배층이 소
유하고 있던 종들을 군대에 편입하는 정책을 강력히 시행하고자
하였다. 근대 이전의 사회에 있어서는 모든 국민이 병역의 의무를
지는 것이 아니어서, 노예와 같은 하층민들은 대개 병역의 의무가
없었다. 따라서 이들에게 그러한 임무를 부여하는 것은 일반 국민
과 같이 취급한다는 뜻이기 때문에, 그들의 신분이 올라간다는 것
을 의미하는 것이다. 그러므로 유성룡이 당시 지배층이 소유하고

있던 노비들을 뽑아서 군대에 보내고자 했을 때 처음에는 앞에서 거론한 바와 같이 노비 주인들의 반발이 매우 컸었다. 그러나 그는 이러한 반대를 무릅쓰고 노비들을 군대에 충당하도록 조치함으로써 그들을 일반 국민과 같이 이해하고 대우하려고 노력했던 것이다.[43]

당시 왕인 선조는 노비의 주인인 양반 사대부들이 그들의 노비를 군대에서 찾아가려고 애쓰고 있기 때문에 이에 대처하자고 하였으나, 성룡은 노비 주인들의 그러한 행위를 강력히 비난하면서 오히려 그들 양반들에게도 일정한 범위까지 관역과 더불어 군역을 맡도록 주장하였다. 이런 사실을 미루어 볼 때 그는 관청이나 공공기관에 속하는 노비인 공천은 말할 것도 없고 양반 사대부들이 갖고 있던 사천까지도 군대에 동원하는 것을 원칙으로 생각하였다.

그러므로 신분제 사회인 당시 지배층에 소속되어 있던 그였지만, 비교적 진보적인 신분제에 대한 사상을 가졌다고 이해할 수 있겠다. 이렇게 같이 생각할 수 있는 근거는 그 당시 개인 노비를 갖고 있던 양반 지배층 등은 사천이 그들의 재산 가운데 일부분이

---

43) 《선조실록》 권 48, 선조 27년 2월 병자

므로 이 재산을 국가에 무상으로 바칠 수 없다는 경제적 이유가 사천을 군대에 보낼 수 없다는 첫 번째 반대 배경이다. 그 다음 반대 이유는 유교사상에 근거한 것으로 그 당시 대부분의 성리학자들은 사회 전반에 걸쳐 수직적인 질서의식을 유지하고자 노력했던 것이다. 그리하여 임금과 신하, 아버지와 아들, 어른과 아이들 사이의 질서를 강조하고, 주인과 노비 사이에도 차별 있고 체계적인 질서를 더욱 강화시키고자 하였다. 이에 대한 사례를 다음 자료에서 살펴보자.

> "잡아 가두어 문초하던 의병장 김덕령을 특명으로 석방하였다. 덕령은 첩보 전달을 늦게 했다는 이유로 역졸한 사람을 매로 때려죽였을 뿐만 아니라 도망간 군사의 아버지를 잡아다가 매로 쳐서 죽였는데, 죽은 사람은 바로 윤근수의 노비였다. 근수가 남쪽 지방을 순시하다가 덕령을 직접 만나 석방을 요구했는데, 덕령이 승낙해 놓고도 근수가 돌아가자 즉시 그를 죽였다. 근수는 약속을 어긴 덕령이 미워서, 덕령은 신의가 없고 학살을 즐겨서 장수 제목이 못된다고 역설하였다. …… 김덕령이 감옥에서 고문받다가 죽었다.[44]

이것은 당시 지배층 가운데 실력자인 윤근수의 사천에 대한 인식을 엿볼 수 있는 내용이다. 윤근수는 영의정을 지낸 윤두수의 친동생으로 임진왜란 때는 그 자신이 예조판서라는 높은 벼슬자리에 있었던 사람이다. 위에 제시한 자료를 통하여 임진왜란 때에 실제로 윤근수와 같은 고관의 개인 노비들도 군대로 보냈던 것을 알 수 있다. 윤근수의 사천에 대한 석방 요청은 군법을 스스로 어긴 것이다. 이와 같이 지배층의 개인 노비들이 군대에 들어간 이후에도 위의 사례와 같이 고관으로서 몰래 자기 노비를 군대에서 빼내려는 경향이 있었음을 알 수 있다. 고관의 사천 석방 요구를 거절한 의병장 김덕령은 그 뒤 반역을 꾀한다는 죄목에 걸려 옥사하고 말았다. 그러나 그의 죽음은 모반이라기 보다는 오히려 윤근수 등과 같은 벼슬아치들의 미움을 사 죽었을 것으로 여겨진다. 윤근수와 형조참의를 지낸 바 있는 유조인 등이 양반 사대부들의 노비를 군대로 보내는 것을 적극 반대하는 상소를 올리고 저항하자, 유성룡은 노비에 대한 그의 생각을 다음과 같이 왕에게 아뢰었다.

"천하의 공적인 이치로 말한다면 지배층인 양반 사대부들의 개인 노비는 우리나라 국민이 아니란 말입니까? 요즈음 이들 개인 노비

---

44) 《선조수정실록》권30, 선조 29년 2월 삭 무술

들은 숫자가 날로 늘어나지만 그들이 부담하는 일은 공적으로는 별로 없습니다. 그러나 일반 평민들은 부담하는 일이 많고 세금은 무거워 점점 도산하여 권세 있는 사람들의 개인 종으로 들어가고 있습니다. …… 이런 사정으로 선현들은 토지와 노비에 소유 한도를 두려고 했으니 그 생각이 원대합니다. …… 유조인의 상소에서처럼 개인 노비를 군대로 보내는 것을 잘못된 시책으로 말하고 신분이 천한 사람을 벼슬길에 등용시킬 수 없다고 한다면 옛날 중국의 한나라 때 위청은 노예 출신으로 벼슬을 했는데 이런 사실은 어떻게 설명하겠습니까?" [45]

이것을 좀 더 구체적으로 분석하여 본다면, 우선 그는 당시 대부분의 성리학자들이 갖고 있는 신분상의 수직적인 인식 형태를 벗어나, 지배층이 갖고 있는 노비들도 일반 국민으로 인정하고 있다. 그러나 그도 노비제도를 폐지하자는 것은 아니고 지배층들이 노비를 소유하는데 있어서 일정한 제한을 두자는 것으로 당시 시대적 상황을 외면할 수 없었을 것이다. 이러한 한계를 갖고 있기는 하지만, 유능한 노비는 이를 뽑아서 벼슬도 주고 일정한 대우를 해야 한다는 당시로서는 상당히 진보적인 사상을 소유하고 있었다. 즉 그는 노비도 국민으로 인정하여 군대로 충당하였을 뿐만 아니라 능력이 있는 노비는 벼슬까지 주고자 하였다.

물론 조선왕조 전기에도 노비 가운데 특별히 국가에 공로가 있는 자는 왕의 특명으로 벼슬에 오른 사례가 없는 것은 아니지만, 이것을 정책적으로 추진한 경우는 유성룡이 처음이었다. 그는 노비를 천한 신분으로 고정시키려고 하지 않고, 능력이 있으면 신분을 상승시켜 주고자 애썼던 것이다.[46] 그러므로 신분제도에 대한 그의 생각은 비록 하층민에 속하는 노비일지라도 유능한 사람은 국민으로서 군대에 보내 일반 평민으로 삼아야 하며, 보다 능력이 있거나 공로가 클 때는 벼슬까지 주어 왕조 사회를 제대로 운영하고자 노력하였다. 이러한 사고 방식은 당시 대부분의 다른 사대부들과는 달리 사회신분에 대한 견해가 고정된 것이 아니라, 비교적 유연한 신분 개선관을 가졌다고 보아야 하겠다.

다섯째로, 그가 정치 운영에 있어서 강조하는 점은 국가나 기타 어떤 조직에서든 질서 유지와 기강이 확립되어야 한다는 것이다. 그것은 아마도 유성룡이 어렸을 때부터 질서를 강조하는 성리학과 예학을 공부한 탓도 컸다고 생각된다. 그는 이러한 기강과 질서의 확립이 정부와 군대에서 더욱 요구된다고 보았는데, 그 이유는 상부 기관이나 군부대에서의 기강 문제는 바로 하부의 다른

---

45) 《서애집》계사, 유조인 상소회계
46) 《선조실록》권 35, 선조 26년 2월 신해

기관과 단체에 미치는 영향이 클 것으로 보았기 때문일 것이다.

> "정부의 체면과 질서는 오직 예의와 공경으로 유지될 수 있습니다. …… 보통 바깥뜰에서 모임을 가질 때 관리들이 먼저 와서 앉아 있더라도 뒤에 정승과 같은 높은 벼슬아치가 들어오면 반드시 일어서서 예의를 표시하게 됩니다. 그것은 정승을 위해서가 아니라 정부를 존중하기 때문입니다. …… 지금은 정부의 위계질서가 문란하고 체통이 무너져 이를 유지하기가 더욱 어렵습니다. 청하옵건대 저의 직책을 바꾸시고 정부의 기강을 엄하게 세우십시오." [47]

이것은 그가 영의정으로 있을 때 승정원의 승지들이 무례한 행동을 하자, 정부의 기강과 질서 유지를 위하여 왕에게 상소한 내용인데, 이러한 그의 건의를 타당한 것으로 판단했는지 왕은 즉각 감찰 기관인 사헌부에 명하며 문제의 승지들을 처벌하였다. 그는 이와 같이 일반 행정 기관에서의 질서 유지뿐만 아니라 군사 계통 조직에서의 기강 확립을 더욱 중시했다. 그것은 적군과 맞서서 전투하는 급박한 상황에서 기강이 무너지면 전투를 제대로 할 수 없기 때문일 것이다.

마지막으로 국가 운영에 있어서 유성룡이 강조한 것은 국민을 위한 행정의 실천이었다. 유교사상에서 백성, 즉 국민을 나라의 근본으로 생각한다는 민본의식이 없었던 것은 아니지만, 그것은 어떻게 보면 좀 막연하고 추상적인 경향이 없지 않았다. 그러나 그는 임진왜란 때와 같은 급박한 상황에서도 국민들의 편의와 생활 안정을 위한 정책을 먼저 추진해야 한다고 왕에게 다음과 같이 진언했다.

> "오늘날에 있어서 급한 일은 여러 가지 말을 하는데 있지 않고, 오로지 국민들을 편리하게 하는 정책을 시급히 실시하는데 있습니다. …… 혼란을 없게 하고 사태를 바르게 잡고자 한다면, 군대를 넉넉히 늘리고 먹을 것을 풍족하게 하는데 있습니다. 그러나 더욱 요구되는 것은 국민들의 마음에서 우러나는 지지와 협조를 얻는 것입니다." [48]

즉 평상시와 다른 혼란한 시국 아래서도 가장 시급하게 다루어야 할 일은 국민들을 편안하게 그리고 편리하도록 하는 일이라고 힘주어 말하고 있는 것이다. 이러한 주장의 배경은 국민이 나라의 주인이고 근본이기 때문에 그들이 생활에 있어서 불편함이 없도

---

47) 위의 책, 권55, 선조 27년 9월 경인
48) 《서애집》진시무차, 갑오

록 하는 것은 물론이고 나아가서는 그들이 마음에서 우러나는 지지를 보낼 수 있도록 국가의 위정자들은 바른 정치를 해야 한다는 것이다.

국민의 경제생활 안정에 힘을 기울이다 05

국민의 경제생활 안정에 힘을 기울이다

유성룡은 앞에서 보았듯이 나라의 근본을 국민으로 보았기 때문에 이들의 경제적 안정에 무엇보다 힘을 기울었다. 사람도 동물의 하나이므로 먹고 입는 문제는 기본적으로 중요한 것이다. 더욱이 전란이나 흉년과 같은 극한 상황이 밀어닥치면 생존 자체가 위협을 받으므로 경제 문제, 그중에서도 특히 먹는 문제의 해결은 더욱 절실하게 된다.

조선왕조는 건국 초기부터 국민을 나라의 근본으로 삼는다는 민본주의를 내세우고 백성들이 경제적으로 안정될 수 있도록 여러 가지 정책을 추진하고자 하였다. 당시 위정자들은 먹고 입는 문제 해결의 근본이 농업에 있음을 이해하고 농본주의 정책을 시행하였다. 그리하여 지방에서 백성들을 직접 다스리는 수령들의 근무평가 기준 가운데, 농업을 어느 정도로 잘 진흥시켰는가 하는 것이 중요한 척도가 되었다.

조선 중기에 들어와서도 나라를 다스리는 사람들은 대부분 민본사상에 의지하여 경제를 이끌고 있었다. 그러나 명종 이후 선조에 이르러 사림파가 집권하면서 정치적 변동이 일어났고 사상적으로는 퇴계 이황의 등장으로 도학이 발달하였다. 경제적으로는 조선 전기 이래 농업과 상업이 발달하면서 지방의 장시가 공식적으로 인정되는 등 새로운 질서가 형성되고 있었다. 이러한 시기에 등장한 유성룡은 퇴계 이황의 제자로서, 성리학을 정통으로 배웠으므로 경세사상에 있어서도 그의 영향이 많았다. 그리고 그는 의정부 영의정으로 국가를 경영하는 위치에 있었으므로 실제로 여러 가지 정책을 구체적으로 추진하였다. 그러한 노력의 하나로 임진왜란이란 엄청난 위기를 당하면서도 식량을 나름대로 확보하여 백성들을 구하고 전쟁을 극복했던 것이다.

16세기에 들어와 사치 풍조가 번지고 방납의 폐단이 생기자, 이 틈에서 지방 수령들이 지위를 이용하여 이익을 챙기는 경우가 많았다. 그리하여 높은 벼슬아치들조차도 수령으로 나가는 경우가 있어, 도의 관찰사 명령을 따르지 않고, 상하 관청 사이의 위계

질서가 무너지는 경향이 생겼다.[49] 이때 유성룡은 이러한 기강의 문란을 지적하고 이를 바로잡고자 노력하였다.

그리하여 그는 다음과 같이 엄격히 지시하여 기강을 바로 잡아 나갔다.

> "지금 정부의 명령이 지방에서 제대로 행하여지지 않고, 관찰사의 명령이 수령에게 행하여지지 않고, 수령의 명령이 백성들 사이에 행하여지지 않고, 장수의 명령이 부장에게 행하여지지 않고 있으니 참으로 한심한 일이다. 이제부터는 모든 것이 정해진 규정대로 시행하도록 노력하라."[50]

이러한 정치 기강의 문란은 경제 질서에도 영향을 미쳐 국가 재정을 어렵게 하였다. 그는 이런 현상을 극복하고 민생을 안정시키기 위하여 의식주의 바탕인 농업을 진흥시키고자 여러 가지 방안을 강구하여 나갔다. 전쟁의 시기에는 군대와 곡식, 그리고 성곽과 무기 등은 싸우고 지키는 데 있어서 가장 중요한 것들이지만, 그 가운데에서도 곡식을 가장 근본으로 생각하고 있었다.[51] 왜냐하면 당시 경제의 바탕은 농업이었으므로 비록 전란이 일어나 세상이 혼란스럽다고 하더라도 농사에 힘쓰는 것만은 조금도 소홀히 할 수가 없기 때문이었다.

당시 유성룡은 이와 같은 경제 사상을 가지고 있었기에 영의정으로 집권하고 있으면서 전국 각 지방에 농업을 특별히 권장했던 것이다.[52] 그는 농업 권장과 생산력 증대의 방법으로 농지를 개간하여 확대시키는 방법을 주장하였고, 실제로 이것을 계획하여 실천하였다. 그가 곡식의 생산량을 증대시키고자 하는 목적은, 국가에서 사용할 수 있는 공적인 것을 많이 확보하자는 것이다. 왜냐하면 개인용의 사적인 곡식은 많이 증대될지라도 국가와 국민들에게는 별로 도움이 되지 않기 때문이다.

그가 농경지를 늘리는 방법으로 즐겨 채택한 것은,

첫째 둔전을 설치하는 방안이다. 둔전이란 대개 일정 지역에 주둔한 군대나 인근의 주민들이 여가로 농사짓는 농지인데, 생산물은 군량이나 군비 및 굶주리는 백성들을 구제하는 등 공적인 것에 주로 사용된다. 둘째, 황무지를 개간하여 농지를 늘리는 방법인데, 개간에 참여한 자에게는 일정한 보상을 주었다. 셋째는 가축을 기르는 목장을 농지로 바꾸는 것이다. 넷째로는 개인이 사용하는 토지를 국가가 사용하는 토지로 바꾸는 것으로 예를 들자면

49) 《조선전사》중세편 9, 140쪽
50) 《군문등록》을미 11월 12일
51) 《서애집》잡저, 비변잡록
52) 《군문등록》병신 5월 초 1일

위전 같은 것을 농지로 바꾸는 것이다.

이들 가운데 그가 제일 선호했던 방안은 둔전을 설치하는 것이었다. 먼저 그가 둔전 설치를 선호한 이유는 아마도 변방에서 근무하는 군인들이 전투가 없는 틈을 타서 현지에서 농사를 지어 먹기 때문에, 먼 거리에서 식량을 운송하는 어려움을 줄일 수 있을 뿐만 아니라, 여가를 이용하여 식량 확보도 가능했기 때문이다.

그리하여 이러한 둔전은 임진왜란 중에 실제로 전국의 각 요새지에 많이 설치하여 운영되었다.

그 가운데 충주에 설치된 둔전은 군량을 많이 생산했을 뿐만 아니라, 요해처인 조령과 연결되어 왜군을 방어하는 효과를 더욱 높일 수 있었다. [53] 이와 같은 둔전에서는 싸움이 없는 여가를 틈타 군졸들을 다섯 명 또는 열 명씩 짝을 지어 농사를 짓도록 하였으며, 경작하는 농작물로는 콩, 조, 기장 등이 많았다.

두 번째로 식량 생산을 늘리는 방법으로 그가 선호하는 것은 황무지의 개간이다. 이러한 개간은 당시 바닷가의 갯벌 가운데 개간이 비교적 쉬운 곳을 골라 농민 열 명씩 한 조직으로 만들어 농기구와 종자를 주고 농사를 짓게 하였다. 그 뒤 수확한 곡식의 절반은 해당 관청이 갖고 나머지 절반은 농사지은 사람이 가지도록 하는 병작반수의 형태를 취한다. 그러나 이것은 개인 토지를 병작하는 경우와는 달리 강제성도 적고, 기타 다른 경작 조건도 비교적 합리적이어서 국가나 개간 농민 양쪽이 편리하고도 이득이 되었다.[54] 이러한 개간은 그가 영의정으로 있을 때 전국적으로 시행되었는데, 그중에서도 왜적이 쳐들어오지 못한 경기도, 황해도 일대와 섬 지역에서 주로 행해졌다. 당시 그는 비변사를 중심으로 하여 개간을 장려했는데 그 형태는 대부분 둔전으로, 관청이 중심이 되어 경작 농민을 모아서 농작물 생산을 늘리고 수확물은 국가의 공용으로 충당되었다.

세 번째로 전란 중에 그가 식량 증산을 위해 농경지를 늘리는 방법은 목장을 농경지로 바꾸는 것이다. 전란으로 말미암아 비어 있는 목장은 말할 것도 없고, 일반 목장 중에서도 농사를 지을 수 있는 곳은 백성들을 모아 농사를 짓게 하여 곡식 수확량을 늘리려고 애썼다. 당시 목장에서 말 등의 가축을 기르는 사람의 숫자는 전국적으로 많았으나, 이들을 감독하는 감독관들이 사사로이 점유하고 재물을 빼앗는 경우가 많았다. 대표적인 사례로 강화도 목장의 가축 기르는 사람들을 호수로 계산하면 1백 호가 넘었을 정도이다. 그러므로 지방의 수령을 통하여 목장 감독관들의 횡포를

---

53) 《서애집》계사, 조치 충주상류 차어 조령설개둔전계
54) 위의 책, 계사, 조진시사계 계사

막고 목장을 농지로 바꾸어 식량 증산을 꾀하는 일은, 임진왜란 때 제한적으로 실시된 응급책이었으나, 당시 식량 생산을 어느 정도 늘일 수 있었다. [55)]

넷째로 위전을 농지로 바꾸는 방법이다. 이것은 전란으로 말미암아 시행된 한시적인 방법으로 위의 다른 방법들과는 일정한 차이가 있다. 즉 전란으로 재화를 생산할 수 없고 식량을 계속 공급하기가 어려워지게 되었다. 그럼에도 불구하고 군사들은 끊임없이 모집하여야 하는데, 군량은 부족하였으므로 이 문제를 해결하기 위한 방안의 하나로 위전을 국가에서 사용하도록 조치하였다. 이에 관한 사례를 들자면, 충청도 관내의 절 40여 곳의 위전은 원래 수확물을 제사 등에 사용하고자 마련한 토지였다. 그러나 제대로 관리하지 못하여 쓸모없는 땅이 되었거나 혹은 간사한 백성들이 불법으로 차지하여 가을에 거둔 곡식이 모두 개인 수중으로 들어가는 실정이었다.

그리하여 그는 이러한 위전을 우선 훈련도감에 속하게 한 뒤 다시 백성들에게 주어서 경작하도록 하였다. 가을철 곡식이 익으면 감독관인 낭청을 보내 잘못을 적발하고 재해나 병충해 등을 조사한 뒤 이를 거두어 군사 등의 식량으로 사용하도록 하였다. 위전의 운영 방법은 성균관에서 학전을 관리하여 사대부를 양성

하도록 하는 것과 같이 하여 군사들의 식량을 공급할 수 있도록 하였다.[56]

　다섯 번째로 식량을 확보하는 방안은 농경지를 늘려 생산하는 것은 아니고 곡물의 유통을 원활하게 할 수 있도록 대책을 강구한 것이다. 여기에는 곡식이 풍부한 지역에서 사들이는 것과, 다른 생활필수품과 식량을 교환하는 방법 등이다. 먼저 곡식을 국가에서 매입하는 경우를 살펴보기로 하자.

　임진왜란 때도 이순신 장군과 의병들이 잘 싸워서 호남 지방은 왜적의 침투가 거의 없었기 때문에 곡창지대인 이곳에는 식량이 비교적 많았다. 그리하여 당시 정부에서는 돈을 모아 호남 지방 각 고을에서 식량을 사들였다.[57]

　다음에는 근대 이전의 농경사회에서 특히 바닷가에서 멀리 떨어진 내륙지방에서는 곡식 못지않게 중요한 생활필수품인 소금을 이용한 식량과의 교환이다. 즉 바닷가에서 소금을 많이 생산하게 한 뒤 안동 등 내륙의 각 고을로 운반하여 식량을 가져와서 바꿔가게 하는 방법을 썼다. 유성룡은 소금을 이용하여 식량을 마련

55) 위의 책, 위의 조항
56) 《서애집》계사, 청훈련군병계 갑오춘
57) 《군문등록》병신 5월 8일

자염 유성룡이 소금을 얻기위해 사용했던 염업방식

하는 방안에 대하여 특히 관심을 기울였는데, 그것은 아마도 당시 식량을 얻는 방법 가운데 비교적 쉬운 것으로 이해했기 때문이다. 왜냐하면 우리나라 지형의 3면이 모두 바다로 둘러싸여 있어 소금을 만드는 기본 재료는 풍부한 까닭이다.

　유성룡은 일찍부터 소금의 중요성과 그 이익에 대하여 깊이 인식하고 있었으며, 그 생산과 유통 방안을 마련하여 국가에 효과적으로 사용하는 동시에 백성들에게도 이익이 될 수 있는 정책을 세워 시행하였다. 그 과정에서 백성들의 피해가 생기지 않도록 각별히 조심하도록 하였으며, 물가를 조절하여 백성들의 생활 안정을 도모했던 것으로 이에 대한 자료를 한 가지 소개하면 다음과 같다.

> "황해도에는 옹진과 해주에 소금을 만드는 곳이 다른 지방보다 많다. 지금 이곳에 따로 소금 제조장을 설치하여 칠포에 있는 수군은 제외하고 소금을 만들 수 있는 사람을 동원하여 힘껏 소금을 굽도록 하여라. 또 담당 관원들로 하여금 전력을 쏟아 소금 굽는 일을 돕도록 하고 백성들에게는 피해가 미치지 않도록 하면서 소금을 많이 굽게 하여라. 그리고 토산 삼성대 근처에 소금 창고를 세워, 구운 소금을 운반하여 저장했다가 소금이 귀할 때 백성들이 보통 때의 값으로, 소금을 곡식으로 사가게 한다면 백성들은 소금을 구하는데 편리하고 관청은 많은 곡식을 얻을 수 있을 것이다." [58]

당시는 지금과 같이 순전히 햇볕으로 바닷물을 건조하여 소금을 만드는 천일제염이 아니라, 봄이나 가을에 소금기가 농후한 바닷물을 솥에 붓고 땔감을 이용하여 구워 만드는 자염 형태였다. 그러므로 소금 만드는 적당한 곳은 바닷가이면서 땔감을 구하기

---

58) 《군문등록》 을미, 11월 12일

영호루 남해안에서 생산된 소금이 배로 이 근처까지 운송되었다.

쉬운 지방인데, 계절로는 눈이나 비가 적게 내리면서 햇빛은 강하고 건조한 봄과 가을이 좋다. 소금 생산에 필요한 사람은 소금 제조에 대한 기능과 지식을 갖춘 자를 뽑아 쓰도록 하고 그것에 대한 이익을 최대로 활용하여 정책에 반영시켜 나갔다.

당시 소금 생산량은 생산 단위인 염분 하나에서 약 다섯 섬 정도를 얻을 수 있는데 큰 염장에서는 한 달 동안 생산하면 만여 섬의 소금을 구울 수 있어서 이익이 많았다. 이렇게 생산된 소금은 이를 감독하는 기관에서 절반을 차지하고 나머지는 직접 소금을 만드는 일을 담당하는 사람들에게 나누어 주어 국가와 생산자 모두가 구제될 수 있었다. 그뿐만 아니라 생산된 소금을 흉년이 들어 굶주림이 심한 내륙 지방으로 싣고 가서 나누어 준다면, 초근목피에 소금으로 간을 맞추어 굶어 죽는 백성들을 구원할 수가 있었다.[59] 이런 사실과 함께 제조된 소금은 내륙 지방에서 생산된 곡식과 교환할 수 있었으며, 당시 소금이나 곡식 등과 같이 무겁고 부피가 큰 물품은 육상 교통이 발달되지 못하여 주로 선박을 이용해서 유통시켰다. 따라서 이러한 과정에서 상업도 발달하게 되었던 것이다.

임진왜란 이전에도 소금은 많이 생산되었으나 그 이익이 대부분 궁가를 비롯한 유력자들에게 들어갔으며, 해안지방의 수령은 그동안 폐습에 젖어 소금의 이익을 마음대로 하는 경향이 있어서 공염제도는 폐지되기도 하였다. 이러한 폐단을 고치기 위하여 유성룡은 소금의 사사로운 이용을 줄여 국가의 공적 이용 비율을 늘이고자 공염정책을 전개하여 상당한 성과를 얻었다. 그러나 임진왜란이 점차로 소강 상태에 빠지자, 소금 제조공장은 다시 궁가

---

59) 《서애집》서장, 청자염진구기민장, 8월조 윗부분에 "현재 충주지방은 굶주림이 심하고 또 바닷가와 먼 곳이라 소금이 황금같이 귀하여 백성들이 초근목피는 얻을 수 있으나 간을 맞추지 못해 먹지 못합니다. 만약 소금 1천여 섬을 충주로 실어와 단양 제천 등지에 나누어 주면 백성들은 이것에 의지해서 살아날 것입니다."라고 하였다.

등의 유력자의 손에 들어가기 시작하여 국가 재정이 어려워지자, 그는 이런 현상을 우려하여 다시 국가가 주관하는 공염정책을 시행하도록 다음과 같은 방안을 제시하였다.

> 바다에서 잡는 어물과 소금을 판매하여 곡식을 마련하는 일에 적합한 사람을 얻어서 잘 운영한다면 그 이익을 많이 얻을 수 있다. 그리고 유력한 계층에서 내려보내는 관리인들을 모두 없애고, 해당 지방 수령에게 전적으로 책임을 지워 소금 생산을 맡게 한다. 그런 다음 다른 지방에서 쌀과 베를 가져와서 소금과 바꾸게 한다면 백성들이 편리하게 여길 뿐만 아니라 이익도 많을 것이다. …… 그리하여 1년 동안 구워낸 소금으로 쌀과 베를 바꾸기도 하고 혹은 해당 감영으로 올려 보내 군량을 보충하도록 하여야 한다.[60]

그는 공염제 시행에 대해 이렇게 주장하면서 이것을 정책에 반영하여 시행될 수 있도록 노력하였다. 여기서 유의할 점은 지방고을을 다스리는 수령을 뽑을 때 경제 운영을 잘할 수 있는 사람을 선발하려고 시도한 점이다. 이와 같은 그의 생각을 보더라도 그는 단순히 공허한 이론만을 강조하는 유학자가 아니라, 국가의 실질적인 경제적 이익이 창출되는 어염업과 상업 등을 중시하는 실용적인 사람임을 짐작할 수 있을 것이다.

그러나 그 뒤 전란이 어느 정도 소강 상태에 이르자, 소금의 이익을 개인적으로 이용하려는 자들의 상소로 인하여, 지방에서 소금을 취급하는 관원들이 잘못하여 여러 가지 폐단만 일으킨다는 이유로 공염제가 다시 폐지되기도 하였다.[61] 이렇게 공염제가 폐지된 때는 유성룡이 비록 영의정으로 있기는 했지만, 그의 반대파들이 세력을 얻으면서 그가 추천한 이순신 장군이 백의종군하는 등의 수세에 몰리는 시기였다. 그리하여 그는 공염제 폐지의 부당함을 여러 번 상소하였으나, 결국 그의 힘은 부족하여 관철되지 못하고 말았다.

그 이듬해인 1597년 정유재란이 다시 일어나 공염제의 중요성을 이해하게 되었지만, 그가 관직에서 물러난 이후에는 소금의 이익이 대부분 유력한 개인들에게 돌아가 국가의 재정에 보태기가 어려워졌다. 공염제가 실시되어 국가 재정에 충당되었을 때는 그것을 이용하여 군대의 식량에 보태거나, 흉년이 발생하여 많은 백성이 굶주릴 때 이를 구제하는 비용으로 사용되었던 것이다.

마지막으로 유성룡이 경제적 이익을 위하여 상업에 대하여 살펴보고자 한다. 유성룡은 국가를 부강하게 하기 위하여 국내 각

---

60) 《선조실록》권70, 선조 28년 12월 병진
61) 위의 책 권80, 선조 29년 9월 정사

지방의 장시에서 상업을 권장하였을 뿐만 아니라, 국경에서 국가 사이에 이루어지는 거래인 무역도 적극적으로 장려하였다. 조선 왕조에서 국내 장시의 대두는 15세기 흉년을 극복하기 위한 방안 의 하나로 전라도 무안 지방에서 시작되었다. 그 뒤 16세기에는 충청도와 경상도 지방으로 퍼져 나갔으며, 16세기 말에는 경기도 지방까지 보급되는 추세였다. 각 지방에서 상업 중심지로 장시가 이렇게 확대되자, 농업 경제에 주로 기대던 당시 조선의 지배층은 이런 현상을 막기 위하여 상업을 억제하는 정책을 실시하였다.[62]

16세기의 지방 장시 발달 배경을 《조선전사》에서는 단순히 왕 조들의 통제가 약화된 때문으로 설명하고 있다. 그러나 장시의 발 달을 그렇게만 볼 것이 아니라, 조선 전기의 농업 발달과 그로 인 한 농민들이 소비하고 남아도는 농산물을 유통시킬 수 있는 능력 이 생겼다고 보는 견해가[63] 보다 더 타당성을 지닌다. 이렇게 국내 각 지방에서 장시가 발달하자 국경 지대에서 명나라와 사사로이 개인 상업 종사자들 사이에 사무역이 활발히 이루어졌으나, 16세 기 말까지는 국가에서 허락하는 공무역 혹은 관허 무역이 공식적 으로는 이루어지지 않았다.

그러나 그는 1593년 국경 지대인 중강진에 공식적인 무역거래 소를 설치하게 하고 명나라와 무역을 권장하였으니 이것이 바로 중강개시이다. 당시 그는 영의정으로서 비변사를 독려하여 내외에 걸쳐 상업을 권장하였는데, 그 목적은 국가의 부강을 꾀함과 아울러 백성들의 경제생활을 안정시키면서 군량을 확보하고자 하는데 있었다. 유성룡은 선조 임금에게 자신의 경제적 견해를 다음과 같이 상소 하였다.

> 유성룡이 아뢰기를 "옛날 태공은 상업을 권장하고 소금과 물고기의 이익을 발전시켰으므로 제나라가 부강하여지게 되었습니다." [64]

즉 중국의 제나라가 부강했던 이유는 그 나라의 태공이 농업보다는 상업을 권장하고 또 바닷가에서는 염업과 어업을 크게 발전시켜 경제적 이익을 확대하여 국가 재정을 넉넉하게 했기 때문이라는 것이다. 여기서도 그의 경제에 관한 생각을 분명히 관찰할 수 있겠다. 이를테면 그는 산업에 있어서 이익은 상업이 농업보다 앞서는 것으로 파악하였으며, 자본이 그렇게 많이 들지 않으면서 사람의 노동력만 보태면 많은 이득을 볼 수 있는 어업과 염업을

---

62) 《조선전사》 중세편9, 19~21쪽
63) 이태진 《한국사회사연구》, 1986
64) 《선조실록》 권64, 선조 28년 6월 임인

성장시켜 재정을 풍족하게 하자는 것이다.

유성룡은 국가의 재정이 넉넉하여야 일반 국민들의 생활을 안정시킬 수가 있을 뿐만 아니라 그것을 바탕으로 강한 군사력도 유지할 수 있어서, 그야말로 부국강병의 이상을 실현할 수 있다고 생각하였다. 그리하여 그와 같은 꿈을 구현한 모델로 중국 고대의 제나라를 사례로 들면서 우리나라도 그것을 본떠야 어려운 처지를 극복할 수 있을 것으로 기대했던 것이다. 이러한 생각에서 그는 앞에서도 약간 이야기한 바 있지만 국내의 상업 거래와 대외무역을 장려하게 되었다. 그가 나라 안에서 물자 교역을 권장한 탓으로 당시 제한적이기는 했으나, 국가 재정 집행의 효율성을 도모함과 아울러 물자를 어느 정도 조절할 수 있었다.

이를테면 당시 소금 생산지인 바닷가에서 소금값이 폭락하거나, 내륙 농산물 산지에서 풍년으로 곡식값이 지나치게 헐할 경우에는 이들 물건을 창고에 저장했다가 나중에 선박을 이용하여 교역함으로써 생산지와 소비지에서 값을 안정시키게 된다. 그렇게 되면 모든 백성에게 이롭게 된다고 그는 생각하면서 국가의 경제력 향상에 노력하였다.[65]

대외 무역에 있어서는 1593년 중강진에 무역 시장을 열도록 주선하고 있음을 다음 자료는 밝혀주고 있다.

"요동 지방에 연달아 풍년이 들었으니 중강에서 시장을 열어 물자를 유통시키는 것이 온당할 것 같습니다. 공문을 보내어 요동 도사에게 요청하도록 합시다." 하니 임금이 그대로 따랐다." [66]

　이것은 당시 비변사에서 아뢴 것으로 되어 있으나 그때 비변사는 실제로 유성룡이 장악하고 있었다. 이와 같이 열려진 중강개시는 압록강 연안에 있는 의주 중강에서 중국 명나라 본토와 인근 요동 지방에서 생산된 식량을 수입하기 위하여 열렸으며, 우리나라 관청의 엄중한 감시 아래 실시된 수량이 정해진 중국과의 무역이었다. 중강 개시가 열릴 무렵 우리나라의 베 한 필은 겉곡식으로 한 말 정도에 지나지 않았으나 중강진 개시에서는 쌀로 스무 말이 넘어 그 이익이 당시 귀한 은보다 컸던 것이다. 이렇게 수입된 곡식은 군량뿐만 아니라 임진왜란 이후 자주 생긴 흉년에 굶주리는 백성들을 구제하는데 크게 기여하여 사회를 안정시키는 일익을 담당하게 되었다.

---

65) 《서애집》계사, 청조치 양향계에서 그는 "금년에 바닷가에서 소금 생산이 어렵게 되자 소금값이 폭등하니 만약 값이 비싸고 헐할 때를 따라 이것을 팔고 사기를 옛날 제도와 같이 한다면 종자와 식량을 많이 얻을 수 있어서 국가의 재정이 확대될 수 있는 좋은 방법입니다."라고 주장하고 있다.
66) 《선조실록》권46, 선조26년 12월 임자

그는 국민의 경제생활을 안정시키는 방안의 하나로 상업과 어염업을 권장하기는 했으나, 지나친 이익을 추구하는 행위는 금지시켰다.

유능한 인재를 뽑아 국난에 대비하다 **06**

06 유능한 인재를 뽑아 국난에 대비하다

　유성룡은 어떤 일을 추진함에 있어서 능력이 있는 훌륭한 인재가 중요한 구실을 한다는 것을 너무나 잘 알고 있었다. 그러나 당시 그가 몸담고 있던 조선왕조는 신분 제도를 비롯하여 여러 제약들이 유능한 인재의 선발을 방해하였다. 그의 생각은 우선 사회적 신분에 너무 구애받지 않고 능력이 있는 사람은 비록 노비 출신이라도 필요하다면 벼슬까지 주어 국가에 도움을 주자는 견해였다. 이러한 그의 논리는 당시 성리학의 명분론에 근거한 계층 질서와는 달랐다. 대체로 근대 이전의 전통적인 신분제 사회에서, 노비는 엄격한 계급 제도로 인하여 그들의 신분이 상승된다는 것은 거의 불가능하였다.[67]

　그러나 그는 당시 전투가 벌어지는 위급한 시기이긴 하지만,

군역의 책임이 없는 노비들조차 일반 평민들과 같이 군대에 편입시켰다. 그리하여 특히 의병이 아닌 관병 모집에 있어서는 개인이 소유하던 노비들을 중심으로 편성했던 것이다. 그런 다음 그들 노비가 공을 세우게 되면 군공 또는 납속 등의 방법으로 상을 주어 신분을 상승시켜 주었다. 즉 유성룡은 사회 신분을 여러 계층으로 구분하여 사대부, 서얼, 서리, 평민, 공사노비 등으로 칭하면서 유교적 명분론에 입각하고 있지만, 인간의 재능, 이를테면 인간의 능력의 차이를 인정하고 있다. 다시 말하자면 그의 기본적인 신분제에 대한 견해는, 신분은 고정돼서는 곤란하고 개인의 능력에 따라 위로 올라갈 수 있는 길이 보장되어야 한다는 것이다.[68]

그의 신분사상은 재능, 즉 능력을 우선으로 보고 있어서 양명학의 학문적 경향과 일치하는 측면도 있지만 그 자신은 양명학 자체를 비판하고 있다.[69] 그의 이론에서 벗어나 신분이나 지역 등의 제약을 털어버리고 실제적으로 유능한 사람을 창조적으로 선발하자는 것을, 다음 자료에서도 엿볼 수 있다.

---

67) 김한식, 〈민본주의의 현대적 이해〉《정신문화연구》84, 가을호
68) 《서애집》, 계사, 유조인 상소회계
69) 송긍섭, 〈서애선생의 양명학비판〉《서애연구》2, 1979

"지금 사람을 뽑아 쓸 때 반드시 문벌과 지역을 먼저 따지고 있는데, 이러한 문벌과 지벌이 과연 적을 물리칠 수 있단 말입니까? …… 이런 것을 따지지 말고 오직 실용할 수 있는 인재만을 구해야 합니다. 지나간 역사에는 조조의 능력만 말하고 있을 뿐 다만 어진 인재를 발탁하되 가문이 미천함에는 구애받지 않고, 그들의 재능에 따라 일을 맡겨서 각자가 그 능력을 다하도록 한 것뿐이라 하고 있습니다. …… 지금 국가는 전에 없던 변란을 당했습니다. 이것을 구할 수 있는 방법은 보통 때와 같이 옛날 형식대로 해서는 안 됩니다. 다른 모든 것이 다 그렇지만 사람을 뽑아 쓰는 일은 더욱 중요합니다. …… 우리나라는 남쪽 지방 선비를 많이 쓰고 서북 지방은 거의 없거나 있어도 매우 적습니다. 그러나 서북 지방이라 해서 인재가 없는 것은 아닙니다." [70]

어려운 시기를 극복하자면 다른 어떤 것보다도 유능한 인재 발탁이 가장 시급히 해결해야 할 과제라고 믿었다. 그러자면 종래부터 해오던 고식적인 방법에서 벗어나 신분이나 지역의 제한을 과감히 탈피하여 오로지 능력이 있고 없는가를 따져서 실용적인 인재를 뽑아 써야 일이 성취될 수 있다는 생각이다. 그가 이와 같은 인물 채용에 대한 견해를 갖게 된 배경은 여러 가지 측면에서 고찰될 수 있겠지만, 그중에서도 가장 큰 이유는 아마도 당시 인사 제도의 비합리성이었을 것이다.

　널리 알려진 바와 같이 조선왕조의 과거 제도는 인재 등용의 바탕으로 건국 이래 많은 인재가 나와서 왕조를 지탱하는 기둥 구실을 했으나, 선조 초기 사림파가 정권을 잡으면서 천거 제도를 중시하게 되었다. 그 이유는 조선 건국 이후 200년 가까이 세월이 지나면서 궁중과 정부 기관에 부패가 심해지기도 했지만, 특히 훈구파가 인사권을 그간 마음대로 하면서 여러 가지 모순이 커졌기 때문이다.

　유성룡이 등장한 시기에도 인사 제도는 문란하였는데, 궁중의 엽관 행위로 인하여 기강과 법질서는 무너지는 한편, 정파 사이에 붕당이 생겨 대립함으로써 인사의 공정성이 흔들리게 되었다. 그래서 그가 집권하자 이러한 인물 채용의 모순점을 지적하고, 맡은 일을 잘 처리할 수 있는 유능한 인물을 가능한 한 제약을 극복하여 뽑아 쓰고자 하였다. 여기에는 물론 반대도 많았다. 인사란 원래 어떤 조직과 개인의 성장과 발전을 위하여 적재적소의 원칙 아래, 합당한 인물을 발탁하는 것이니 이는 정치에 있어서 중요한 일이다. 즉 나라가 부강해지자면 우선 집권자들이 정치를 잘하여

---

70) 《서애집》, 계사, 조치방수사의계, 을미

야 하고, 그러한 정치의 선악은 올바른 인재를 얻느냐 얻지 못하느냐에 달려 있으니, 그는 인재 선발 문제가 정치에 있어서 가장 중요하다고 여겼던 것이다.[71]

유학을 공부한 사람들은 정치에 있어서 무엇보다 먼저 임금, 즉 왕을 거론하고 있으니, 왕이 태평성대를 이룩하려면 우선 훌륭한 인재를 등용시켜야 하는데, 그렇게 하자면 왕 자신이 어질고 유능한 인재를 가릴 줄 아는 능력이 있어야 하므로 스스로 덕성을 제대로 닦아야 가능한다는 것이다.[72]

이와 같이 왕의 인덕을 강조한 것은 정치에 있어서 덕으로 다스리는, 덕치주의를 이상으로 여겼기 때문이다. 더 나아가 유학자들은 인사 문제를 의례로 보았으니, 예란 하늘과 땅 사이의 질서와 조화인데 그것은 또한 인사의 의칙, 즉 기준이 된다는 것이다. 여기에서 유학의 예는 위와 아래의 계층과 이들 계층 사이의 차별에 근거하고 있으며, 이러한 상하관과 차별관은 우주의 질서와 조화의 법칙에 근거를 두고 있다.[73]

유성룡의 인사에 대한 견해도 기본적으로는 이러한 유학자들의 인사관과 일치하고 있으니, 그도 예는 천지의 질서와 인사의 법칙에 관계될 뿐만 아니라 모든 사항의 바탕이 된다고 이해하였다.[74] 그는 천지의 자연 현상과 인사 사이의 관계를 다음과 같이 조리 있게 설명하였다.

"인사는 가까워서 보기가 쉽고 천지의 운수는 멀어서 알기 어렵지만, 인사와 천수는 아래와 위로 서로 통하여 모두 하나의 이치로 서로 통하고 있다. 요순과 같은 유능한 사람이 윗자리에 있으면 천하가 잘 다스려지는 것과 같은 것이 천인합일이고, 공자와 맹자 같은 성인의 덕을 가진 자로서 곤란하게 아랫자리에 있었기 때문에 천하가 그 은혜를 입지 못한 것은 하늘과 사람이 하나가 되지 못한 경우이다. …… 그러므로 천수는 춥고 더운 것과 같은 자연 현상을 사람의 힘으로 바꿀 수 없으나, 사람이 털옷과 베옷을 갖추어 두면 춥고 더운 것을 막을 수 있어서, 추위와 더위에 곤란을 당하지 않을 수 있을 것이다." [75]

즉 천수라는 것은 자연 현상의 진리이기 때문에 그것에 알맞게 인재를 뽑아 써야 하며, 시기에 적절하게 사람을 뽑아 쓰지 아니하면 곤란을 당하게 된다는 것이다. 이와 같은 그의 생각은 단순히 옛날 제도만을 그대로 지켜가는 보수적인 것이 아니라, 자연의 변

---

71) 위의 책 차자, 진시무차, 갑오 4월
72) 《선조수정실록》권12, 선조11년 5월 신해
73) 이상은, 《유학과 동양사상》1979, 범학사, 242쪽
74) 《서애집》잡저, 병법
75) 위의 책 잡저, 천수인사상참

화를 인식하고 여기에 대응하여 나가려는 사고방식과 일치한다.

근대 이전의 전제군주적인 사회에서 인재를 채용하는 권한을 가진 사람은 최종적으로 왕이었으므로 인재 양성의 교육과 선발, 그리고 파면에 이르기까지 왕이 모두 결정하기 때문에 정치의 중심은 역시 왕이었다. 그러므로 왕을 비롯한 왕실의 인사에 대한 생각이 실제로 인사 문제에 있어서 가장 중요하였다. 그리하여 유성룡은 이러한 사실과 결부하여 유능한 인재를 뽑기 위한 사상적 견해를 다음과 같이 나타내었다.

먼저 임금 자신이 우선 성실하게 덕을 닦아야 한다고 주장하였다. 그런 다음 임금은 신하들로부터 바른말 듣기를 꺼려하지 말고 이를 기꺼이 받아들여야 기강을 세워 공정한 인사를 할 수 있다는 것이다.

둘째, 임금이 자기 집안인 왕실을 잘 다스려 왕실에 의지하는 인사 채용이 없어져야 한다고 믿었다. 만약 그렇지 않으면 사람들이 왕실의 인연을 타고 채용되어 여러 가지 문제가 생긴다고 보았다.[76]

셋째, 왕이 궁중을 엄하게 다스린 다음에는 어질고 능력 있는 사람들을 공정한 여론에 따라서 뽑아 써야 한다고 믿었다. 그렇게 되면 여러 관원들이 법을 이어받아 지키게 된다. 이때 임금은 관원을 상과 벌로써 적절히 감독하면 그들은 복종하게 되고 정치는 저절로 잘 다스려진다는 것이다.

끝으로 관원을 뽑고 내보내는 전조가 인재를 뽑을 때, 채용과 파직은 공정한 여론과 시험 성적에 따라 하지 않는 경향이 있는데, 이것은 붕당으로 인하여 자기 당파의 인물을 뽑으려고 하기 때문이다. 이러한 폐단은 임금이 막아야 한다고 보았으며, 그렇게 하지 않으면 어리석고 능력이 없는 사람들도 벼슬하려고 하는 풍습이 자꾸 늘어나 심각한 사태가 생긴다고 믿었다. 앞에서 말한 가운데 왕실을 중심으로 한 궁가의 폐단이 자주 되풀이되는 이유는 당시 정책을 추진하는 정부의 윗자리에 궁가가 있었으므로 법규를 초월한 특권 행위를 이들이 자행하여 정부의 질서를 흩뜨려 놓는 경우가 자주 일어나기 때문이다.

그리고 이 시기에는 지배층 개인들이 소유하는 노비의 숫자가 자꾸 늘어가고 있었는데, 이것은 국가에 세금이나 병역 등의 책임을 지는 평민들이 유력한 자들의 종으로 들어가고 있음을 나타내는 것이다. 그러므로 각급 관청에서는 재정의 어려움을 초래하게

---

76) 《서애집》잡저, 북변헌책의, 계미조에 "북방 고을 수령으로 나가는 자들이 대개 공정하게 뽑히지 않고 권력에 청탁하여 뽑힌 자들이 많으므로 오랑캐들을 다스릴 줄 모릅니다."라고 하였다.

되었다. 이러한 재정난은 인사 채용에 있어서도 질서를 깨뜨려 실제로 능력이 있고 어진 사람을 추천하여 채용하는 것이 아니라 가문이 좋은 사람들을 주로 골라 쓰게 되었던 것이다. 따라서 보잘것없는 가문 출신들은 비록 능력이 있더라도 뽑히기가 어려워 문제가 자주 발생하고 있었다.

이 당시 왕실 다음으로 인사 채용에 있어서 큰 영향을 주는 것은 정부의 관원들 자신이었다. 그런데 이때 관원들 사회에 붕당이 생겨서 관원들의 인사에 큰 영향을 주게 되었다. 특히 인사 문제를 직접 맡고 있던 이조의 전랑이란 직책이 그들 스스로의 추천에 의하여 임명되자, 이들은 정승과 판서의 인사권에서부터 벗어나게 됨으로써 인사권이 둘로 나누어졌다. 이런 조치는 권세가의 출현을 제도적으로 막고자 함이었으나 붕당을 심화시키는 구실을 하였다.

인사에 대한 권한이 둘로 나누어지자, 권력도 분산되기에 이르렀다. 즉 이조 전랑직을 중심으로 하는 새로운 정치세력의 성립은, 종래 의정부를 중심으로 하는 정치 형태에 변화를 안겨 주었다. 이를테면 선조 초기에는 사화로 물러났던 사람들이 다시 채용되었으나 점차로 공익보다는 자기가 속한 당파만을 위하는 경향이 강하여졌다. 그뿐만 아니라 권력이 나누어지면서 자기 당의 집권을 추구하게 되므로 기강과 풍속이 무너지기 시작하여 붕당의 폐단이 심하게 나타났다.[77] 그러하여 유성룡은 이러한 인재 등용의 모순에서 벗어나 자기의 처지에서 가능한 한 합리성을 유지하면서 능력 있고 어진 인물을 뽑고자 크게 노력하였다.

유성룡은 어질고 능력 있는 인재를 등용시키기 위한 기준을 마련하여 왕에게 보고하였다. 이것은 비변사에서 논의를 거쳐 뒤에 인재를 뽑아 쓰는 기준으로 선정되었던 것이다.[78] 그것은 우리나라 역사상 일찍이 볼 수 없었던 큰 전란인 임진왜란을 극복하기 위한 방안의 하나로 마련된 기준이었다. 그러나 여기에는 선행되어야 할 포괄적 조건이 있었다. 우선 어지러운 세상을 편안하게 하면서 질서를 회복할 수 있는 인재를 찾아야 하는 것이다.

그러자면 첫째로 단점이 좀 있어도 장점이 더 많으면 이를 찾아서 등용하여야 한다. 둘째로 어떤 특정한 문벌에 한정하거나 사회적 지위와 명망으로 비교하여, 가난하고 천한 가문에서 태어났다고 뽑아 쓰지 않으면 안된다. 실제로 재능 있는 사람을 등용시키기 위해서는 가문 중심으로 이루어지는 인사 정책에서 과감히 벗어나야 하므로, 현재 관원으로 있지 않더라도 뽑아 써야 한다.

---

77) 《선조실록》권13, 선조 12년 3월 경오
78) 위의 책 권55, 선조 27년 9월 계사

셋째로 서자나 공노비 또는 개인의 노비, 그리고 승려 등의 신분을 따지지 말고 현실적으로 재주 있고 유능한 사람을 등용시켜야 한다는 것이다.[79]

위와 같은 인재 등용의 조건과 준칙을 중심으로 하여 보다 구체적인 그의 인사 규정 10가지를 살펴보면 다음과 같다.

1. 재능과 지혜 그리고 견문과 생각이 깊고, 병법을 밝게 깨달아 군사들을 지휘할 장수의 임무를 감당할 수 있는 사람

2. 학식이 있고 현재의 업무를 파악할 수 있으며, 세밀하고 청렴하며 조심성이 있어 지방 고을 수령의 직책을 감당할 만한 사람

3. 담력과 도량이 있고 말을 잘하여 사명을 받아 외국에 가거나, 또 적군의 진영에 드나들면서 동태를 정찰할 수 있는 사람

4. 집에서는 효도를 하면서 공손하여 한 고을의 모범이 되고, 국가를 위하여서는 비분강개하여 순국할 수 있고, 어려움을 참고 관직에 들어갈 수 있는 사람

5. 문장에 특출하여 사명을 잘하는 사람

6. 용기와 힘이 있고 활과 칼 등의 무기를 잘 다루며, 무거운 것을 지고 빨리 달리며, 담력이 강하여 적진에 들어가는 것을 두려워하지 않는 사람

7. 농사에 힘쓸 줄 알아서 백성들에게 농사짓기를 권장하고, 토질을 구별할 수 있어서 황무지를 개간하여 둔전을 만들 수 있는 사람

8. 재물을 잘 불리어 바닷물로 소금을 만들며, 산에서 무쇠를 주조하고 물자를 유통시켜 상업에서 이익을 올리며 재정을 넉넉하게 할 수 있는 사람

9. 계산에 밝아 회계를 잘 보며 군대의 식량을 알맞게 처리하면서도 틀리지 않는 사람

10. 공교로운 재능이 있어서 창과 칼을 만들거나 화약을 만들 줄 알며 나아가서 조총과 여러 가지 대포 그리고 성곽을 지키는 기계 등을 만들 줄 아는 사람[80]

위의 10가지 규정을 분석하여 본다면 군사에 관한 사항이 다섯 항목이나 되어 가장 비중이 크다. 이것은 당시가 전란 중이었으므로 우선 위기를 극복해야 한다는 절박한 사정 때문에 어쩔 수 없었을 것이다. 이러한 그의 인물 채용 견해에 의해서 그 자신이 필요한 인재를 추천하기도 하고, 다른 사람들로 하여금 천거하도록

79) 재능을 우선으로 보는 그의 신분사상은 양명학과 비슷한 면이 보인다. 그러나 그는 양명학을 비판하였다.
80) 《서애집》, 계사, 청광취인재계, 9월

부탁하기도 하였다.

유성룡의 10가지 인사 규정 가운데 가장 비중과 역할이 큰 것은 시급하게 임진왜란을 극복할 수 있는 능력 있고 현명한 인재를 선발하는 것이다. 그리하여 유능한 군사 지휘자인 장수를 뽑는 것이 무엇보다도 중요하므로 제일 첫 번째 항목에 서술되어 있다. 그런데 장수는 단순히 군사적 기능만을 갖출 것이 아니라, 재주와 지혜, 그리고 식견과 사려를 두루 구비하여야 한다고 보았다. 여기서 식견이라고 하는 것은 군사 상황에 국한된 것이 아니라, 현재의 모든 처지와 미래에 생길 문제도 내다볼 줄 아는 광범위한 것을 뜻한다. 다시 바꾸어 말하자면 수의 변화를 예견하고 그것에 대응할 수 있는 사람으로서 군사적인 측면뿐만 아니라 고도의 정치적 능력까지 갖춘 사람을 의미하는 것이다. 이러한 주문은 현재 당면하고 있는 상황에 따라서 적절히 대응할 수 있는 유능한 인재를 요구하는 것이므로, 옛날 방식을 그대로 지켜가는 수구가 아니라 새로운 변화에 적응하면서 현재와 미래를 두루 통찰할 수 있는 유능한 인재를 요청하는 것으로 이해하여야 한다.

군사에 관계되는 것 다음으로 큰 비중을 차지하는 부분은 목민관의 임무를 수행하는 인재, 즉 지방 수령을 뽑는 것이다. 지방 고을의 수령은 백성들을 직접 다스리는 직책으로서 일반 백성들의 생활 안정은 바로 이들의 손에 달려 있기 때문이다. 그러므로 민본 정치를 내세운 조선왕조는 건국 초기에서부터 수령 선발에 신중을 기하였다. 당시 수령에게 요구되는 자격 요건으로는 우선 일정한 학문을 갖추고 있어야 하는데, 그것은 행정을 수행하자면 학문의 배경 없이는 곤란하므로 그렇게 되었을 것이다.

다음에는 지방 수령은 현재의 업무를 잘 알아서 맡은 직책을 차질이 없도록 수행하여야 하며, 백성을 다스릴 때는 물질의 유혹을 물리쳐 청렴성을 유지할 수 있어야 한다는 것이다. 그는 지방 고을 수령뿐만 아니라 수령의 일을 도와주는 향리들에게도 급료를 주어 부정행위를 막고자 했다.[81]

이는 지방 행정을 담당하는 이들 관원들이 청렴결백하지 않고서는 백성들의 생활 안정은 기대할 수 없다고 보았기 때문이다. 일반 백성들의 생활이 불안정하여 흔들린다면 나라의 안정도 바랄 수 없는 것은 당연한 논리이다.

유성룡의 인재 선발 기준을 요약하여 본다면, 무엇보다 먼저 임진왜란으로 혼란해진 국가 사회를 하루 빨리 수습하고 전란을 극복할 수 있는 유능한 인재를 우선 선발함을 목적으로 하고 있

---

81) 위의 책 연보, 39세조

다. 그것에 따라서 가문의 격이나 지방적 차별을 배제하고, 능력만 있으면 벼슬의 유무나 신분의 귀천을 묻지 않고 등용하려고 하였다. 특히 적군의 상황을 잘 파악할 수 있는 사람을 선발하여 전쟁에서 승리하고자 하는 전략가의 안목을 지니고 있었다.

조선 시대의 인재를 등용하는 방법을 몇 가지 살펴보자면, 우선 시험을 보여 뽑아내는 과거 제도가 있다. 이것은 유교 경전과 문장 등으로 고시하여 선발하였으므로 문관 사회의 중심적인 과정이었다. 다음은 문음 제도로 이는 아버지나 할아버지 등이 높은 벼슬을 지낸 경우 그 자손들이 혜택을 받아 벼슬길로 들어갈 수 있는 것으로 보통 문벌 자제의 초입사의 성격을 지니고 있다. 끝으로 천거 제도를 꼽을 수 있다. 이 제도는 위의 두 가지 제도와는 달리 어진 인재를 추천에 의하여 선발하기 때문에 그 성격이 다르다.

천거 제도는 조선 초기부터 시행되면서 과거제나 문음제의 한계를 극복하고자 하였다. 더욱이 16세기 이후 사림파가 집권하면서 과거제 등의 관료적인 제한을 벗어나고자 시도하면서 천거 제도는 더욱 주목받기에 이르렀다. 특히 이조 전랑직 후임자에 대한 천거, 이른바 자천제가 이루어지면서 천거 제도는 새로운 전기를 맞이하게 되었다. 인재를 천거할 수 있는 사람은 그 직책에 따라

달랐으니 어떤 인물을 추천하여 직무를 맡기는 것은 영의정과 같은 재상들과 임금에게 달려 있었다. 그 가운데 특히 재상의 중요한 임무 중의 하나는 재능이 있는 신하들을 뽑아서 적당한 자리에 임명하도록 하는 것이다. 나아가 재상은 중앙의 정책 집행 기관인 육조의 판서나, 높은 벼슬아치인 당상관을 임명할 경우에 그에 대하여 천거하고 또 인물에 대한 평가를 하는 직책이다.

그중에서도 직급이 비교적 낮은 당하관을 고위 관직인 당상관으로 발탁하는 일은 파격적인 조치로서 전조와 같은 인사 기관에서는 할 수 없고, 대개 재상의 천거로 임금의 특명에 의하여서만 가능한 것이다.[82] 그러나 유성룡은 천거할 수 있는 자의 범위를 넓히려고 노력하였으니, 그것은 초야에 묻혀 있거나, 유능하면서도 낮은 직책에 있는 인재들을 보다 많이 등용하고자 하였기 때문이다. 즉 벼슬 등급이 2품 이상인 문무관과 사헌부와 사간원, 그리고 홍문관에서도 알고 있는 유능한 사람을 추천하도록 하고, 지방에서는 각 도의 관찰사와 병마사, 그리고 각 고을 수령들도 자기 맡은 지역에서 인재를 골라 추천하게 하였다. 여기에 더하여 추천에서 빠진 자들은 자기 스스로도 천거할 수 있도록 했는데,[83] 이것은

82)《선조실록》권2, 선조 원년 2월 갑오
83) 위의 책, 권59, 선조 28년 1월 기묘

인사 기관에만 전적으로 맡기지 말고 폭넓게 천거하려는 것이다.

그런데 이렇게 천거할 수 있는 범위를 넓히게 되면 이에 따른 부작용도 커질 가능성이 있으므로, 그는 공정하고도 책임 있는 추천을 하도록 연좌법을 강화하게 하였다.[84) 여기서 말하는 연좌법은 추천된 사람이 벼슬에 임명되어 자기가 맡은 일을 제대로 못할 경우, 그를 추천한 사람까지 책임을 물어 처벌하도록 하는 것을 뜻한다. 이렇게 하여 그는 공정한 추천으로 유능한 인재를 많이 확보할 수 있도록 하는 한편, 관료 사회에 엄격하고도 올바른 질서를 확립하도록 힘썼다.

유성룡이 정책 결정을 할 수 있는 높은 벼슬자리에 오르기 전까지는 인재 등용의 실태가 대체로 이름 있는 문벌 가문들이 벼슬을 독차지하는 처지였다. 그리고 이들 대부분이 문인들었기 때문에 왜란을 극복하기가 어려웠다. 무인들로 채워져야 할 각 도의 병마사들도 대부분 문인들로 임명되어 전투를 피하고자 할 뿐 적극적인 공격을 할 수가 없었다. 이러한 현상은 그간 숭문 정책의 추진으로 무술을 천시하면서 장수들을 기르지 않았기 때문이다. 예나 지금이나 정치의 성패는 유능한 인재 선발에 달려 있는데 인재를 문벌과 지역 위주로 선발하다가 보니 그 범위가 무척 제한되어 여러 가지 문제가 생기게 되었던 것이다.

나라를 다스려 나가는데 있어서는 여러 방면에 걸쳐 다양한 인재가 필요하게 된다. 여기에 부응하자면 신분이나 기타 여러 가지 제약을 벗어나 현실에 적응할 수 있는 인재를 뽑아야 하지만, 당시 신분제 사회에서 이런 제약을 벗어나기란 쉬운 일이 아니었다. 그러나 앞에 닥친 전란을 잘 극복하기 위해서는 실제로 능력 있는 인재를 뽑아 써야만 가능한 것이니, 만약 나라를 빼앗긴다면 신분이고 무엇이고 모두 허사가 되기 때문이다. 그러므로 그는 능력이 있고 합당하다면 벼슬의 높낮이나 벼슬의 있고 없음을 따지지 않고, 또 군졸이나 상인, 그리고 노비나 서자 등을 묻지 말고 현실적으로 유능한 인재를 천거하여야 한다고 주장하였다.[85]

유성룡의 이와 같은 주장은 그가 당시 영의정으로서 국가 정책을 주도하고 있었기 때문에 비변사를 중심으로 시행할 수 있었다. 물론 여기에는 신분 질서를 그대로 지키려는 기득권 계층의 강한 반대도 있었지만, 사헌부와 같은 언론 기관의 동의를 얻고 있음이 다음 자료에서도 이해될 수 있을 것이다.

<hr />

84) 같은 책, 권 70, 선조 28년 12월 무오
85) 《서애집》계사, 청광취인재계, 9월

사헌부가 글을 올려 말하기를, "인재는 국가의 이기로서 나라의 일을 부흥시키고 다스림을 이룩하는 도구입니다. …… 대체로 인재는 한정되어 있는데 자격으로 제한하고 지역과 명망으로 비교하며, 또 출신과 미출신의 차이에 얽매여서 인재를 등용하는 길이 이와 같이 좁아서 결국 인재가 없다는 탄식이 나오게 됩니다. …… 근래에 설치한 15조의 거사법에 따라서 조목을 상세히 세워 시행하소서." [86]

　　이 내용을 검토하여 본다면 그의 주장과 일맥상통함을 알 수 있게 된다. 그의 유능한 인재의 등용은 바로 눈앞에 닥친 엄청난 임진왜란을 승리로 이끌 수 있는 장수의 선발에 주로 집중되고 있었으니, 그 대표적인 사례는 우리들이 잘 알고 있는 이순신 (1545~1598) 장군의 경우이다.

　　이순신은 당시 전라도 정읍 현감으로 있었는데, 현감은 작은 고을 수령으로 관품은 종6품이다. 이와 같이 하위 벼슬에 있었지만, 이순신의 능력과 지혜가 뛰어난 것을 평소 잘 알고 있던 유성룡은 그를 전라 좌수사란 높은 벼슬자리를 주어 뽑아 쓰도록 한 것이다. 좌수사의 관품은 정3품이므로 이순신은 7단계의 관품을 뛰어넘어 등용된 그야말로 파격적인 발탁이었다. 종래의 격식에서 벗어난 인재 등용 방식에 대해 반대파를 비롯하여 여러 사람들의 반발이 컸지만 이를 물리치고 등용하게 하였다. 널리 알고 있는 바와 같이 임진왜란을 극복하는 데 있어서 충무공 이순신 장군의 공로는 누구도 부인할 수 없는 엄연한 역사적 사실이다. 그리고 우리는 이순신으로 하여금 그와 같은 역할을 할 수 있도록, 전라 좌수사 자리에 발탁되는데 결정적 역할을 한 유성룡을 잊어서는 안 된다. 이순신이 만약 왜란 때 정읍 현감으로 그대로 있었다면 그와 같은 위대한 승리는 도저히 불가능했을 것이다. 이에 관계되는 자료들을 검토해 보자.

(1) 선조 24년 2월, 유성룡은 우의정으로 이조판서를 겸하면서 인재를 등용함에 있어서 적격자를 가려 조정의 기풍을 맑게 하려고 하였다. 왜구의 행동이 심상하지 않자 이에 대비하고자 장수를 적재적소에 앉히려고 애썼다. 형조 정랑 권율을 천거하여 의주 목사로 삼고, 정읍 현감 이

이순신 장군 초상 이순신 장군은 유성룡이 천거한 대표적인 인물이다.

86) 《선조실록》권 56, 선조 27년 10월 신유

순신을 천거하여 전라좌도 수사로 삼았다. 그러나 나이 많은 경상
우병사 조대곤을 이일과 바꾸려고 했지만 임금 선조의 반대로 실패
했으니, 이는 왜란 초기 경상도 패전의 요인이 되었다.[87]

(2) 신이 보건대 여러 장수 중에서 고언백은 자못 국가를 위하는 마
음이 강하나, 그가 맡은 직책은 오직 양주 한 고을의 군대뿐인 까닭
에 이룬 것이 별로 없습니다. 이제 장수 가운데 이미 높은 벼슬에
있는 자는 몸을 아끼며 편함을 추구하여 국가를 위하여 큰일 맡기
를 꺼리니, 평상시의 규정에 구애받지 말고 옛사람들의 이른바 '졸
개를 뽑아서 장수로 삼는다.' 라는 말과 같이 하심이 마땅하겠습니
다.[88]

　(1)은 임진왜란이 일어나기 1년 전인 선조 24년 유성룡이 우의
정과 이조판서를 겸하고 있을 때, 일본의 태도가 보통 때와 달라
서 그는 이에 대비하여 왜군을 물리칠 장수가 될 만한 자들을 천
거하여 발탁하도록 했던 것이다. 더구나 이조는 6조 중에서 인재
등용 문제를 직접 맡고 있는 부서이기 때문에 그의 영향력은 매우
컸던 것이다. 그리하여 그는 왜적의 침입을 막고자 이순신을 정읍
현감에서 전라 좌수사로 파격적으로 발탁하고, 권율(1537~1599)을
형조 정랑에서 국경 지대의 요충지인 의주 고을 책임자인 목사로

보냈다. 이들 두 장수는 임진왜란 때 빛나는 공적을 남겼으니, 우리들이 널리 알고 있는 바와 같이, 이순신 장군은 한산도 대첩을 계기로 우리나라가 임란 때 제해권을 잡게 하여 곡창 지대인 전라도 지방을 지킬 수 있게 하였다. 전라도 지방의 확보는 전쟁에서 중요한, 식량을 계속적으로공급할 수 있어서 왜란 극복에 큰 역할을 하게 되었다. 그리고 권율 장군은 2800여 명의 적은 군사로 행주산성에서 왜군 3만여 명과 격전을 벌려 적군 2만 4000여 명을 죽이거나 부상하게 한 큰 전과를 올린, 이른바 행주대첩을 이룩한 장본인이다.

임진왜란은 우리나라 역사상 일찍이 없었던 큰 전쟁이었다. 이 전란을 승리로 이끄는데 결정적 역할을 한 사람들을 꼽으라면 이순신 장군과 권율 장군을 꼽지 않을 수 없다. 그러나 유감스럽게도 그분들이 그러한 역할을 할 수 있도록 그 자리에 발탁

권율 장군 초상 권율 장군은 임진왜란 때 행주산성에서 왜를 물리친 인물이다.

87)《선조실록》권 25, 선조 24년 2월 계미
88)《서애집》차자, 진시무차, 임진 11월

한 유성룡에 대해서는 지나치는 경우가 많다. 만약 이순신을 그대로 정읍 현감에 두었다면 그의 그와 같은 활약은 없었을 것이다. 이 점에 있어서 유성룡의 능력 있는 인재를 뽑아내는 통찰력이 아주 뛰어남을 알 수 있겠다.

(2)는 유능한 사람도 자신의 능력을 제대로 발휘하자면 그에 알맞은 직책을 맡겨 주어야 능력 발휘를 할 수 있다는 것이다. 그리고 그와 같은 사례를 경기도 양주 고을 군사의 지휘자인 고언백 장수 경우에서 찾고 있다. 고언백이 애국심은 강하지만 한 고을의 군사 책임자이기 때문에 그의 능력은 그 고을 하나에 그칠 수밖에 없다는 것이다. 그리고 전쟁과 같은 비상 시기에는 종래와 같은 인재 등용 규정에서 과감히 벗어나, 능력 있는 사람이면 모든 제약에 얽매이지 말고 뽑아야 한다고 굳게 믿었다.

07 왜란 직전의 조선과 중국·일본의 사정

　조선왕조는 14세기 말 고려 시대의 여러 가지 모순을 극복하면서 성립되었다. 그리하여 건국 초기에는 창업에 따른 긴장 때문인지 다방면에 걸쳐 어느 정도 개혁이 추진되어 일정한 성과를 얻는 등 사회 전반에 새로운 바람이 부는 듯하였다. 이를테면 정치 사회에 있어서는 여러 가지 제도의 개선으로 정권의 안정을 유지하는 한편 신분 문제에 있어서도 한계가 있기는 했으나, 그 이전보다는 나아지는 추세였다.

　더욱이 경제적인 측면에서는 사전 개혁 조치로 말미암아 일부 계층에 토지가 집중되는 현상이 크게 완화되는 추세였다. 그 결과 농민들의 경작할 수 있는 권한이 보다 더 강화되면서 국가의 재정도 한층 충실해져서, 국가의 문화 전반에 걸친 정리 사업도 가능했던 것이다. 게다가 국가와 사회 전반에 충격을 줄 만한 내외적인 도전 사건도 별로 없었으므로 그런대로 평화가 지속될 수 있었다.

그런데 나라의 지배 계층은 현실에 그대로 머물면서 그들의 여러 가지 기득권을 확대하고, 이것을 유지하려는 보수적 경향을 지니게 되었다. 그 결과 그들은 이익 대립으로 나누어져 서로 자기 파끼리 결속을 강화하면서 집단별로 대립하게 되었다. 이것을 좀더 구체적으로 설명하자면, 조선왕조의 지배층은 16세기 말엽에 접어들자 각파 사이에 이해관계가 충돌하면서 분열과 각축을 하게 되었다. 그리하여 그들은 자기 파의 이익을 증진하기 위하여 서로 세력을 확대하고자 하였다.[89]

조선 지배층의 이와 같은 분열은 국가 사회의 이익 추구보다는 자기 당파의 이익 옹호에만 치중하는 경향을 초래하여 여러 가지 측면에서 많은 폐단을 낳게 되었다. 그리하여 일부 뜻있는 사람들은 이와 같은 사태를 걱정하여 중간 입장에서 조정을 시도하기도 했으나, 성과는 별로 없었을 뿐만 아니라 도리어 오해를 사기에 이르렀다.[90] 군사적인 측면에 있어서는 군역 대신 베를 징수하는

---

89) 이태진, 〈17세기 초의 정치 추세와 인조반정〉《한국군제사》, 1977
90) 이선민, 〈이이의 경장론〉《한국사론》18, 1988

방군수포제의 실시로 인하여 각 지방에 설치된 군진들이 유명무실하게 되었으며, 문치주의 경향으로 군사력 강화는 기대하기 어렵게 되었다.

16세기에 들어오자 중국 대륙의 명나라에서는 환관이 발호하여 정치는 어지러워졌으며, 이에 따라 반란이 전국적으로 확대되어 크게 동요하기 시작하였다.[91] 더욱이 이때 명나라 서북 변경 지역인 영하에서는 몽고의 항복한 장수 보바이가 반란을 일으켰고, 귀주 지방에서도 그곳 토착 세력인 양응룡이 중앙 정부에 반기를 들었다. 그러므로 명은 당시 내외로 어려움을 겪고 있었는데 여기에 설상가상으로 일본의 동태까지 심상치 않아서 곤란은 더해지게 되었다. 임진왜란 당시 조선에 파병된 명나라 군사들이 왜 일본과 화의에 적극적이었는가를 짐작게 하는 대목이다.

그런데 중국의 동북 변방 지대인 만주 지방에서는 여진족들이 만주 동부에 위치한 건주여진을 중심으로 뭉치기 시작하였다. 이들 여진족에 대하여 당시 조선 정부는 강경책과 온건책을 번갈아 썼으나, 대개 그들을 어루만지기 위하여 온건한 회유 정책을 기본으로 삼게 되었다. 그리하여 조선과 여진 사이에는 큰 충돌이 없었으나, 임진왜란이 일어나기 약 10여 년 전인 1583년에 이르자 여진족의 한 추장인 이탕개가 두만강을 건너 함경도로 침입해 들어왔다.

이때 6진 가운데 온성 고을 부사로 있던 신립(1546~1592) 장군 등이 이들을 물리쳤다. 신립 장군의 이러한 승리는 임진왜란 때에 임금 선조를 비롯한 많은 사람의 기대를 받으며 왜군을 공격하는 도순변사에 임명되는 계기가 되었다. 이탕개 침입 이후에도 여진족은 자주 조선 국경 지방을 침입하여 왔으나, 아직 통일을 이루지 못하여 쉽게 물리칠 수 있었다. 그러나 건주위의 누르하치가 등장한 이후 여진족은 통일을 촉진하게 되었다. 그리하여 임진왜란 때는 조선을 원조하겠다는 제의까지 할 정도로 세력이 커졌으나, 유성룡은 그들의 제의를 받아들이면 뒤에 나라의 폐단이 된다고 극력 반대하여[92] 여진족의 야욕을 물리쳤다. 뒷날 그들은 통일되어 청나라로 성장하였으며 머지않아 조선을 침범하여 두 차례의 호란을 일으켰음은 널리 알려진 사실이다.

이 시기 일본의 사정은 어떠하였을까? 15세기 후반에 이르러 일본은 서양 세력이 아시아로 뻗어오는 추세와 더불어 유럽 상인들이 들어오자, 새로운 상업 도시가 발달되면서 종래의 봉건적인

---

91) 부락성, 《중국통사》(신승하 역) 1981, 우종사
92) 《서애집》연보, 임진년 9월 초에는 건주위 달로가, 우리들이 왜적 침범당했다는 말을 듣고 군사들을 거느리고 와서 구원하겠다고 장담했다. 유성룡은 이 말을 받아들이면 끝내는 나라의 화근이 될 것을 염려했다. 차자를 올려 극력 반대했다고 기록되어 있다

도요토미 히데요시 초상

지배 형태가 흔들리기 시작하였다. 그리하여 당시 백 년 가까이
지속되던 전국시대는 오다 노부나가에 의해 통일되기 시작하였
고, 국가 체제를 정비하여 강력한 중앙 집권적인 통일 정부가 들
어서기에 이르렀다.

　도요토미 히데요시가 오다 노부나가를 계승하면서 다이묘들이
할거하고 있던 일본을 1585년 군사력으로 통일하였다. 그 다음
천황의 황실과 깊은 관계를 맺어서 그의 지위를 한층 높이는 한
편, 군사력을 바탕으로 과감한 정치 개혁을 단행하여 중앙집권체
제를 확립하였다.

이 당시 그가 실시한 정치 개혁 가운데 중요한 몇 가지를 소개하자면 다음과 같다.

첫째, 전국적으로 농사짓는 토지를 측량한 뒤 철저히 검사하여 토지제도와 조세제도를 통일하는 동시에 도량형을 공정하여 통일하도록 하였다.

둘째, 전국적으로 도수령을 시행하여 각 지방에서 갖고 있는 모든 무기를 몰수하여서 병농 분리를 실시하는 한편 농민들의 신분을 고정하고 토지에 정착하도록 하였다.

셋째, 서양의 선교사들을 추방시키고 그들의 식민지화 정책을 막도록 하는 동시에 소와 말을 잡지 못하게 하고 일본인을 노예로 팔지 못하게 하였다.

넷째, 권력 집중을 강화하여 중세적 상업상의 특권을 철폐하는 한편 지방 제후들에게 절대 복종할 것을 서약하도록 했으며, 1590년부터는 직속 육군과 수군을 대규모로 편성토록 하였다.

이상으로 도요토미 히데요시가 시행한 정치 개혁 중에서 비중이 큰 4가지[93]를 살펴보았다. 그 내용을 하나씩 세밀히 검토해 본

---

93) 이형석,《임란전사》상권, 10~15쪽

다면, 그가 얼마나 전국적으로 권력을 집중하고자 애썼는지 분명히 파악할 수 있을 것이다. 더욱이 그는 출생 신분이 두드러지지 못한 터에 간교한 꾀로 권력을 잡았기에 주변에는 강력한 경쟁자들이 도사리고 있어 정권이 불안정하였다.

그리하여 도요토미는 이러한 경쟁자들을 합리적으로 소모시킬 수 있고, 그의 야망을 멀리 중국 대륙까지 펼쳐볼 수 있는 전쟁을 생각하기에 이르렀던 것이다. 따라서 대륙 진출에 있어서 요충지인 우리나라는 먼저 그 전쟁의 위협에 직면하게 되었다. 조선 침략에 앞서 히데요시는 자기 자신이 가난한 농민의 아들로 태어났기 때문에, 오다 노부나가를 추종하여 무사로서 유력한 무장이 된 이후에도 불안한 심정에서 벗어날 수가 없었다. 오사카에 성을 쌓고 그곳을 중심으로 천하 통일을 진척시킨 후에도 지방 농민들의 반란을 매우 두려워하였다. 그리하여 앞서 거론한 정치 개혁 가운데 두 번째의 내용인 각 지방 농민들이 소유하고 있던 무기를 빼앗는데 가장 신경을 썼던 것이다. 그러한 과정을 거쳐 히데요시는 관백이 된 이듬해에 태정대신이란 자리에 올라 임진왜란이 일어나던 1592년에 명실상부하게 천하를 통일하여[94] 일본 전체를 호령하게 되었다.

한편, 당시 조선왕조는 지배층이 서로 나뉘어 대립함에 따라,

국가의 이익보다는 자기 정파와 자기 가문의 이익 추구에 몰두하는 경향이 강하였다. 그러므로 자연히 사회 전반에 걸쳐 기강이 문란해지고, 일반 백성들에 대한 양반 지배층의 착취가 심해져 그들의 생활은 더욱 어려워지게 되었다. 이리하여 궁지에 몰린 그들은 내심으로 이들에게 반발하면서 여러 가지 방법으로 저항하기 시작하였으며, 나라를 사랑하는 마음도 그전에 비하여 많이 줄어들었다. 여기에 더하여 일반 평민들이 지고 있는 병역에 대한 부담이 점차로 부역화되어 그 부담도 더욱 늘어나게 되었다.

그리하여 농사지을 토지가 없거나, 농토를 적게 갖고 있던 농민들은 이러한 부담들을 감당할 수 없어서 도망치는 경우도 많았다. 이탈자들에 대한 부담은 마을에 남아 있던 친척이나 이웃에게 떠맡겨 강제로 징수하는 족징과 인징이 보편화되면서 그나마 안정된 사람들도 점차 생활이 어려워지게 되었다. 그뿐만 아니라 지방 특산물을 국가에 바치는 공물이 방납제도가 실시됨에 따라 농민들의 부담은 더욱 증가하고 있었다. 이와 같은 사정으로 고향을 떠나 정처없이 떠돌아다니는 사람들이 불어남에 따라서 농업 생산량도 크게 줄어 농민들의 생활은 더욱 어려워졌다.[95] 16세기로

94) 김미란, 《일본문화》 1997, 형설출판사, 47쪽
95) 《명종실록》권27, 명종 16년 2월 정미

들어서면서 일반 백성들의 도망과 떠돌아다니는 현상은 더욱 보편화되는 추세였다.

　이렇게 정착하지 못하고 흘러다니는 백성들 가운데 일부의 사람들은 범죄 집단에 가담하여 국가와 사회를 혼란하게 함으로써 지배층에 대하여 저항하기도 하였다. 이와 같은 저항 중에서 대표적인 것은 임진왜란이 일어나기 30여 년 전에 황해도 일대에서 발생한 임꺽정의 난이었다. 이들의 기세가 어떠했는지를 다음 자료를 검토하여 보아도 충분히 알 수 있다.

　"요사이 들리는 바에 의하면 도적들의 기세가 점점 더 높아져서 관리들이라고 거짓말을 하면서 여러 고을을 출입하기도 합니다. …… 이들 도적들은 황해도에서 체포하려고 한다는 소리를 들으면 평안도나 강원도의 각 고을로 들어가 버립니다. 그러나 이들 도의 관찰사나 병마사들이 체포 계획을 세워 잡았다는 소식을 듣지 못하고 있으니 지극히 잘못된 처사입니다." [96]

　위 상소의 내용을 통해 당시 범죄 집단의 세력과 활동 영역이 상당하였음을 짐작할 수 있다. 조선 시대 지방행정 조직 가운데 가장 큰 것이 도인데, 각 도의 행정 책임자인 감사 즉 관찰사는 관할 구역 안의 행정권과 사법권 그리고 군사권까지 갖고 있었다. 이들이 해당 도의 군사령관인 병마사와 같이 도적떼를 잡으려 하여도 제대로 잡을 수 없었다고 하니, 그 규모가 꽤 컸음을 실감할 수 있을 것이다. 그러므로 이러한 도적떼와 같은 사회적 불안 요인을 제거하는 데 있어서 가장 시급한 것은 일반 백성들의 생활을 정부와 지배층들이 안정시켜 주는 것이다. 먹고 사는 것과 같은 기본적인 생활이 불안정하여 생계의 위협을 느끼는 절박한 상황에서는 대부분의 사람들은 범죄의 유혹에 쉽게 빠지기 때문이다. 그러므로 당시 정치와 사회적인 모순으로 생계가 불안정한 많은 백성들은 도적떼와 같은 범죄 조직에 가담해서라도 목숨을 유지하고자 했던 것이다.[97]

따라서 앞을 내다보는 지혜로운 정치 지도자들은 다른 어떤 것보다도 백성들의 경제생활을 안정시켜 그들이 마음속으로 부터 국가와 사회를 위하여 노력할 수 있도록 분위기를 만들고자 애썼다.

유성룡도 비록 임진왜란과 같은 급박한 전시 상황이지만 백성들의 생활을 안정시키고자 노력한 것은 이러한 사정을 잘 알고 있

---

96) 위의 책 권26, 명종 15년 10월 갑인
97) 같은 책 권26, 명종 15년 12월 계사조에 "이들은 모이면 도적이 되고 흩어지면 백성이 되어 출몰이 무상해서 잡기가 어렵다."라고 하였다.

었기 때문으로 보인다. 그는 왜란을 극복하기 위해서는 왜적들의 동태를 잘 파악하여야만 하겠지만, 그것보다 먼저 우리나라의 백성들이 안정되어야 한다고 생각하였다. 즉 백성들의 생활이 안정되지 않으면 이들을 동원하여 군사로 활용하기가 어려울 뿐만 아니라, 오히려 적의 유혹에 쉽게 빠져 그들을 위하여 행동할 수도 있다는 것이다. 더 나아가 백성들의 기본적인 마음이 허물어진 사회에서는 그들이 난민으로 변하여 폭동을 일으키고, 창고 등을 약탈하여 사회를 근본적으로 흔들어 놓을 수 있다고 인식하고 있었다.[98] 그리하여 그는 전란 때 군사의 식량도 부족한 처지이지만 굶주리는 일반 백성들을 구제하기 위하여 군량 가운데 일부를 떼어내 이들에게 지급하기도 하였다.

이와 같이 임진왜란 직전의 사회는 그동안 비교적 평화로운 상태가 지속되어 군비를 제대로 갖추지 못하고, 지배계층은 당파로 나누어져 대립하는 추세였다. 게다가 이상과 같은 사정으로 기강이 문란해져서 힘없는 백성들은 유력한 사람들의 횡포에 시달려 생활의 기반마저 상실하고 떠돌아다니는 경우도 많았다.

이렇게 국가를 이끌어가는 지배 계층은 분열되고 그 아래 일반 백성들의 상당수는 안정되지 못한 위태로운 상태에 빠졌을 때, 일본을 통일한 도요토미 히데요시는 조선에 사신을 보내어 서로 사이 좋게 지내기를 요구하였다. 일본의 요청을 접수한 당시 우리 정부는 2품 이상의 고관들이 모여 대책을 논의한 결과 일단 그들 사신이 들어오도록 허락해 주었다. 그들 사신 일행이 바친 수호 요청 문서에는 오만하고 무례한 구절이 많아 분개하는 사람이 많았다. 그 가운데 옥천에서 상경한 조헌(1544~1592)은 대궐 문 앞에서 일본 사신의 처단을 요구하는 한편 그들의 침략에 대비하여 국방력의 강화를 주장하였다. 조선 정부는 일본 사신에게 조선이 바닷길에 서툴러 조선통신사를 일본에 보낼 수 없다고 하면서 돌려보냈으나, 그 뒤 일본은 다시 사신을 보내어 통신사 파견을 거듭 요청하였다.

이와 같은 일본의 거듭된 통신사 파견 요청을 놓고 우리 정부는 논의를 거듭한 끝에 그들의 실태를 직접 파악해야 옳다는 주장이 우세하여 통신사를 보내기로 결정했다. 그리하여 정사는 황윤길(1536~?), 부사에 김성일(1538~1593)을 임명하여 1590년 3월 일본으로 떠났다. 이들이 다시 서울 한양으로 돌아온 것은 그 이듬해 3월이었으니 꼬박 1년이 걸린 셈이다. 그런데 귀국한 뒤 정사와 부사의 보고 내용이 달라 정부를 혼란하게 하였다. 그러나 유성룡은

---

98) 《징비록》 왕은 정주 선천으로 향하고 민심은 어지러워짐

조선통신사 행렬도

일본의 움직임이 심상하지 않음을 인식하고, 이에 대한 준비를 서
둘러 이순신 장군을 전라좌도 수군절도사로 발탁하는 등 분주한
나날을 보냈다.

임진왜란을 승리로 이끌다 08

임진왜란을 승리로 이끌다

일본의 집권자인 도요토미 히데요시는 조선과의 수호 교섭이 제대로 이루어지지 않자, 바로 정복군을 편성하여 조선 침공을 명령하였다. 그리하여 1592년(선조 25) 4월 14일 그들은 고니시, 가토, 구로다, 모리 등이 인솔하는 육군 15만여 명과 구기 등이 이끄는 수군 2만 여 명이 쳐들어왔다.[99] 이러한 정규군 이외에도 전함을 수리하거나 관리하는 병졸들도 많이 들어와서 왜란 때 우리나라에 쳐들어온 일본군 전체 수효는 20여만 명이었다. 이들 가운데 우리나라를 제일 먼저 공격한 것은 고니시가 이끄는 부대로, 그들은 700여 척의 배에 나누어 타고 그해 4월 14일 오후에 부산 상륙을 감행하였다.

부산진 첨사 정발(1553~1592)은 이들을 맞아 사력을 다해 싸웠으나 중과부적으로 결국 패하여 전사하고 말았다. 왜군들은 전열을 가다듬어 그 다음 날에는 동래성을 공격하였는데, 이때 동래부사 송상현(1551~1592)은 장졸 및 주민들과 더불어 끝까지 항전했지만 역시 수많은 왜군을 감당하지 못하고 순국하게 되었다. 그 뒤 왜군들은 우리 관군들의 저항을 거의 받지 않고 수도 한양을 향하여 전진을 계속했던 것이다.

사태가 이렇게 진행되자, 당시 우리 정부는 이에 관한 대책을 긴급히 논의한 끝에 응급조치로 우선 이일(1538~1601)을 순변사로 삼아 요충지인 조령 등을 방어하게 하였다. 그러나 그간 별로 큰 전란이 없었고, 또한 여러 가지 모순으로 기강이 잡히지 않아 옳은 군대를 가질 수가 없었으므로 전쟁터로 끌고 갈 군졸이 거의 없었다. 순변사 이일을 보낸 뒤 정부는 도순변사 신립(1546~1592)을 보내 함께 왜군을 막도록 하였다. 당시 신립 장군은 왜군을 격퇴할 수 있을 것으로 조야의 기대를 한몸에 받고 있었다. 왜냐하면 그는 앞서 함경도에 침입한 여진족 추장인 이탕개가 끌고 온 군졸들을 물리쳤을 뿐만 아니라, 군대를 이끌고 두만강을 건너가 우리들을 괴롭혀온 여진족의 소굴을 소탕하고 개선했기 때문이다.[100]

99) 이현종, 〈임진왜란과 서울〉《향토서울》18, 1963
100)《국조인물고》신립 장군편

상주에 도착한 순변사 이일은 상주목 판관을 시켜 촌락을 다니면서 병졸로 쓸 만한 장정들을 모집했으나, 겨우 수백 명에 지나지 않았고 그들 또한 훈련 경험도 없는 농민들이었다. 그러나 그는 급히 대오를 편성하여 상주 북천에서 훈련을 시켰다. 즉 한양에서 데리고 온 60여 명의 장교로 교관과 조교를 삼아 새로 모집한 농민 800여 명으로 대오를 짜서 초년병 훈련을 시작하였다. 이때 개령현 출신 한 사람이 순변사에 달려와서 보고하기를 "왜적이 가까이에 몰려오고 있습니다."라고 아뢰었다. 그러나 순변사는 거짓말을 하여 군중의 마음을 흔들리게 하려는 수작으로 생각하고 목 베어 죽였다. 왜적은 이날 저녁 이미 상주 근처 장천리에 와서 진을 치고 있었으나, 순변사 이일은 적의 동태를 살피기 위한 척후병을 보내지 않았으므로, 적이 가까운 곳에 온 것도 모르고 신고한 사람만 애꿎게 처형하였다.[101] 그 뒤 곧 북천에 도착한 왜군들과 치열한 전투를 벌였으나 병력과 무기의 열세로 참패하고, 순변사 이일은 단신으로 도망쳐 문경에 이르러 왜군에 패배한 사실을 중앙 정부에 보고하였다. 그런 다음 문경 새재를 지키려고 했으나 도순변사 신립이 충주에 주둔하고 있다는 소식을 듣고는 그곳으로 달려갔다.

이 무렵 정부와 국민들의 기대를 한몸에 받고 있던 도순변사

신립은 8,000여 명의 장졸을 이끌고 충주 탄금대에서 배수진을 치고 있었다. 그러나 고니시의 군대가 새재를 넘어 탄금대로 달려와서 조총을 쏘아대며 포위망을 좁혀왔다. 이 광경을 지켜보던 신립은 다급한 나머지 혼자 말을 타고 두어 차례 적진에 돌진하려 했으나 결국 실패하고 남한강 탄금대 앞에서 투신 자살하였다. 당시 태산같이 믿고 있던 신립의 충주전투가 참패로 끝나고 왜군의 북상이 계속된다는 급보를 접한 정부는 크게 동요하여 대책 마련에 바빴다. 그리하여 우선 임금 선조의 서북 지방 피신을 주선하는 한편 왜군을 물리치기 위한 여러 가지 방안을 강구하지 않을 수 없었다.

사태가 이렇게 진행되자, 유성룡은 당시 재상으로서 전시 내각을 사실상 이끌면서 임진왜란 극복에 혼신의 노력을 기울이게 되었으니, 지금부터 그가 추진한 정책 가운데 중요한 것을 두 개만 골라 살펴보기로 하겠다.

첫째로 그는 전투력 강화에 심혈을 기울였다. 그 이유는 우리 군대의 실질적인 전투력 강화 없이는 왜군을 물리칠 수 없고, 왜군 격퇴 없이는 국가와 민족의 존립이 불가능하기 때문이다. 그런

---

101) 《근폭집》진군국기무십조, 척후

데 그는 전투력을 강화하자면 우선 병력 자원의 공급 근원인 백성들의 마음을 안정시켜야 한다고 굳게 믿었다. 즉 백성들이 안정되지 못하면 이들에게 애국심이 사라져 군대로 부릴 수 없으며, 오히려 적군의 간첩이 될 수 있을 뿐만 아니라 적군을 위하여 행동하게 된다는 것이다. 나아가 백성들의 마음이 안정되지 못하면 그들은 난민으로 바뀌어 폭동을 일으키고 약탈하는 등 사회 전체를 혼란으로 몰고 간다고 생각하였다.[102]

나아가 그는 국가가 비록 위급한 지경에 도달하였더라도 백성들의 마음만 잘 안정시켜 나간다면, 그것을 극복할 수 있는 힘이 거기서 나올 수 있다고 보았다.[103]

유성룡은 민심을 안정시키는 데 있어서 가장 중요한 요소는 정치의 안정이라고 보고, 당시 우리나라를 돕기 위하여 파견된 명나라 장수들의 우리 임금 선조의 교체 시도를 강력히 저지하여 왕권을 그대로 유지하는데 심혈을 기울였다. 그것은 왕권이 동요되면 정국의 혼란을 초래하여 전쟁을 계속하기가 어렵기 때문이다. 즉 정치가 안정되어야 유능한 장수도 뽑을 수 있고 민심도 안정을 찾아 서로 화목하게 되므로, 모든 것이 잘 풀려 외적도 물리칠 수 있다고 다음과 같이 말하고 있다.

"정치가 잘되면 장수를 제대로 뽑을 수 있고 사람들 마음을 화목하게 할 수 있으며 군사들을 제대로 훈련시킬 수 있습니다. 이런 다음에 야성을 높이 쌓고 성 주위 도랑도 깊이 팔 수 있습니다. 그 다음에 강한 군대와 좋은 무기를 가질 수 있어 지혜로운 사람은 좋은 꾀를 발휘하고, 용맹한 사람은 힘껏 싸워서 튼튼히 지킬 수 있으니 다른 나라의 침략을 무엇 때문에 걱정하겠습니까?" [104]

즉 그는 전투력 강화의 바탕은 정치와 민심의 안정으로 이해하고 그것을 이루는 데 특히 노력하고자 하였다. 이와 같은 생각에서, 왜군들이 북쪽으로 계속 진격하여 평양을 함락하고 이어서 의주 쪽으로 향하려 하자, 일부의 조정 고위 신하들은 다급한 나머지 임금 선조가 중국 땅으로 들어가 피난하는 것이 좋겠다고 말했으나, 유성룡은 다음과 같이 자기의 생각을 말하면서 굳게 반대했다.

"임금의 행렬이 한 걸음이라도 우리나라를 벗어난다면, 조선은 우리의 것이 될 수가 없습니다. …… 지금 우리나라 동북 지방에 있는 여러 도는 아직도 그대로 남아 있고 호남 지방의 충성스럽고 의

---

102)《징비록》왕은 정주선천으로 향하고 민심은 혼란함
103)《서애집》차자, 진시무차, 임진 11월
104) 위의 책 서 답전청안서

로운 사람들이 곧 벌떼와 같이 일어날 것입니다. 그런데 어찌하여 이와 같은 경박한 논의를 할 수 있는지 실로 가슴이 답답하고 통탄할 지경입니다." [105]

유성룡은 이와 같이 자신의 견해를 분명히 밝히면서 왕이 중국 땅으로 몽진하는 것을 한사코 막았다. 그 이유는 왕의 피난 행렬이 우리나라 영토를 버리고 만주로 들어간다면 백성들의 마음이 크게 이반하여 도저히 회복할 수 없을 뿐만 아니라, 의병들도 봉기하기가 어려운데다가 왜군들은 임금이 항복했다고 거짓말을 하여도 이를 막을 방법이 없기 때문이다. 전투력 강화에 있어서 그는 기본적으로 우리 스스로 우리나라를 지켜야 한다는 자주 국방의 중요성을 강조함과 아울러 우리나라 군대가 당시 최대 강국으로 불리는 중국 명나라 군대보다 능력이 뛰어나다는 자부심을 갖고 있음을 다음 자료는 밝혀주고 있다.

(1) 지금 왜적은 우리나라의 심장부에 자리 잡고 있습니다. 명나라 군사만 믿을 수 없습니다. 이때를 당하여 위아래 사람들이 서로 힘을 합하여 스스로 강해질 계책을 세워야 합니다. [106]

(2) 만일 좋은 장수를 얻어 수만 명의 군사들을 잘 훈련시키고, 대오를 바르게 하고 이들을 한마음으로 유지한다면 우리나라 군사들이 중국 군사들보다 더욱 더 훌륭할 것입니다.[107]

위의 자료 (1)은 우리나라에 침입한 왜적을 외국인 명나라 군대만 믿지 말고 우리 국민들이 서로 굳게 뭉쳐 이를 물리쳐야 한다는 것이다. 자료 (2)는 우리나라 군대는 유능한 장수만 있다면, 이를 잘 훈련시키고 기강을 확립하여 중국 명나라 군사들보다 훨씬 유능한 군대가 될 수 있다고 굳게 믿고 있었던 것이다.

전투력을 강화하는 데 있어서 민심의 안정 다음으로 그가 중요하게 생각한 것은 군량의 확보였다. 동서고금을 막론하고 전쟁을 제대로 수행하자면 군량을 비롯한 군수품이 떨어지지 않고 계속적으로 보급되어야 하는 것은 말할 나위도 없다. 유성룡은 여러 가지 군수품 가운데서도 인간의 생명 유지와 직결되는 군량을 가장 중요한 것으로 파악하고, 이것을 확보하는 것이 무엇보다 시급한 문제라고 생각하고 있었음을 다음과 같이 임금에게 아뢰었다.

---

105) 《선조수정실록》권26, 선조25년 5월 삭 경신
106) 《서애집》행장
107) 《선조실록》권45, 선조 26년 윤 11월 임오

《징비록》 유성룡이 지은 징비록

"대체로 군사들을 일으킬 때는 반드시 식량을 갖춘 다음에야 군
대의 형태를 이룰 수 있습니다. 그렇게 식량을 확보하지 못한다면
비록 군법을 엄하게 적용한다고 하더라도 군사들이 도망치는 것을
막기 어렵습니다." [108]

이와 비슷한 내용이 그가 지은《징비록》이나《군문등록》에도
실려 있는데, 즉 국가가 병사들을 먹일 수 있는 식량을 확보하지
못한다면 우수한 병력 자원을 얻을 수 없을 뿐만 아니라, 가령 그
들을 얻었다 하더라도 이것을 유지할 수 없다고 생각하였다. 군
량의 확보가 우수한 군대의 유지에 대단히 중요하다고 이해한 그
의 생각이 가장 잘 함축된 것으로는 "먹을 것이 부족하면 사람들

을 끌어모을 수가 없고, 사람을 모을 수 없다면 군사훈련을 시킬 수가 없는데 이는 필연적 추세이다."[109]라고 하는 것을 들 수 있을 것이다. 이 내용은 그가 영의정의 신분으로 임진왜란을 현장에서 직접 체험하면서, 임금 선조에게 올린 시무책의 한 부분으로 군량이 군대에서 차지하는 비중을 여실히 나타내주고 있다.

그리하여 그는 당시 군량을 확보하기 위하여 바닷가에서 소금을 굽도록 권장하거나, 둔전을 설치해서 전투가 없을 때 병사들이나 피난민들의 유휴 노동력을 이용하여 식량을 생산하도록 하였다. 그뿐만 아니라 지방의 특산물로 바치는 공물을 쌀로 받거나, 봉족과 노비들이 바치는 신공을 역시 쌀로 내도록 했으며, 공명첩을 부유한 사람들에게 쌀을 받고 팔아서 군량을 확보하여 나갔다.[110]

전투력 강화를 위하여 그가 추진한 시책 가운데 빼놓을 수 없는 또 다른 한 가지는 군사 제도의 개편이었다. 조선왕조의 중앙 군대는 건국 초기에 설치된 5위가 유명무실해지고 더욱이 금군조차 부족할 정도로 군대의 수가 부족하였다. 그런데 이것마저도 순

---

108) 위의 책, 권43 선조26년 10월 경인
109) 《선조수정실록》권28, 선조27년 4월삭 을유
110) 《선조실록》권42, 선조26년 9월 정사

변사 이일의 상주 패전과 도순변사 신립의 충주 탄금대 패전으로 말미암아 거의 궤멸되고 말았다. 그리하여 이제 수군을 제외하고 육군은 각 지방에 산재해 있는 지방 군사들이 왜적과 대치하는 상태였다. 이런 위기에서 벗어나 빨리 중앙군을 새로 조직하여 왜군을 물리치는 것이 시급한 과제 떠올랐다.

그리하여 비변사에서는 명나라 장수 척금 낙상지 등과 상의하여 새로 훈련도감을 설치하였다. 중앙군의 개편과 아울러 유성룡은 지방군제 개편에도 착수하여 속오군을 조직하게 되었다. 중앙군인 훈련도감에 소속된 군사들에게는 국가가 군량 등 군비를 직접 지급하였으므로 그 비용이 문제가 되어 많은 숫자를 모집하기가 어려웠다. 그러므로 국가의 비용 부담이 적은 지방군에 관심을 갖고 이를 강화하게 되었던 것이다.[111]

속오군 제도는 왜란 당시 국가 재정난으로 지방 군사까지 군량을 지급하기가 어려웠으므로 철저하게 병농일치의 이름 아래 거주지 중심으로 편성하였다. 그리고 군사들의 수를 늘이기 위하여 종래에 금지되었던 천인들도 포함시켜 결과적으로 신분의 평등화를 촉진시키게 되었다. 군사들을 속오법으로 편성하는 시작은 훈련도감에서 출발하였다. 그 뒤 점차로 모든 군대가 포수, 사수, 살수의 속오법에 의하여 편성되고 말았다. 유성룡이 속오군 제도를 실시하였으나 그가 벼슬에서 쫓겨난 뒤에는 시행되지 않다가, 인조 대에 이르러서는 지방의 거진 수령 대신에 전임 영장을 무신 중에서 뽑아 삼남 지방에 배치하였다.

전투력 강화 목적으로 그가 추진한 시책 중에서 군대의 기강 확립 문제도 중요한 것이다. 그는 평소부터 인간 사회에는 일정한 질서가 유지되어야 한다고 믿고 있었다. 그리하여 그가 근무하던 관료 조직의 구성원 사이에도 기강 확립을 역설하였는데, 특히 명령에 죽고 사는 군대 사회의 기강을 세우는 일에 더욱 노력하여 다음과 같이 왕에게 강력히 건의하였다.

> "요사이 기율이 엄하지 않아서 여러 장수들은 스스로 자만에 빠지고 명령은 행하여지지 못하고 있습니다. 그리하여 국가의 사무가 무너지는 것이 모두 여기에 그 원인이 있으므로 정부에서는 이러한 장수들을 빨리 법에 따라 처벌하셔서 군정을 엄숙하게 하십시오." [112]

---

111) 《군문등록》병신년 윤8월 27일조에 "군량이 넉넉할 때는 훈련도감과 같이 급료병인 중앙군을 모집하고, 부족하면 지방에서 군대를 편성하고 농사짓는 여가를 이용하여 훈련시킨다."라고 하였다.
112) 《선조실록》권34, 선조 26년 1월 정축

이것은 그가 도체찰사로 군사 업무를 총괄하면서, 우방어사 김경로(?~1597) 등의 지휘관들이 방만한 태도로 근무하자, 이것을 시정하기 위해서 건의한 내용이다. 그 뒤 김경로는 이것을 계기로 크게 반성했는지 정유재란 때는 결사대를 이끌고 분전하다가 장렬하게 전사함으로써 국가에 충성을 다하였다. 이와 같이 유성룡은 군대 조직 내의 기강을 확립하여 일사불란한 명령 체계를 구축하고자 노력했는데, 이러한 군대만이 강한 군대가 될 수 있다고 믿었던 것이다.

그렇다면 이와 같이 중요한 군대의 기강 확립은 어디에서 먼저 시작하여야 할 것인가 하는 문제가 대두될 수 있을 것이다. 그는 여기서 군사 집단의 기강을 확립하자면 우선 지휘관들의 명령이 여러 곳에서 나와서는 안 되며 반드시 하나의 명령 계통이 수립되어야 한다고 주장하였다.[113] 그래서 그는 명령 계통의 단일화를 꾀하는 방법의 하나로 국가의 군사정책 업무를 병조에만 전담시킬 것을 역설하였는데 다음 자료를 통하여서도 그것을 알 수 있다.

"군사에 관한 일은 모두 병조가 책임지도록 요청하는 것은 명령이 한 곳에서 나오게 하여 체통을 서로 유지하게 하고자 함입니다. …… 국가의 군사정책은 병조에서 맡아 하게 하고, 대신들은 개입하게 할 필요가 없습니다. 청하옵건대 저의 훈련도감 제조의 직책을 면하게 하여 병조가 전담하게 하도록 하십시오." [114]

위의 내용을 요약한다면 당시 그가 영의정으로서 군사권까지 장악하는 것은 행정체계로 보아서 바람직하지 못하니 전문성을 살리고 책임 행정을 실현하자면 병조가 군정을 전담하는 것이 옳다는 주장이다. 이렇게 하여야 군대의 기강 확립도 촉진되고 그로 인하여 강한 군대가 됨으로써 왜군을 물리칠 수 있다는 생각이다.

전투력 강화를 위한 시책 가운데 마지막으로 거론해야 할 중요한 것은 군사들의 훈련을 강화하는 것이다. 군인들이 적과의 실제 전투에 대비하여 훈련을 강하게 실시하는 것은 매우 긴요한 일로서 잘 싸우는 군대의 기본적 조건이다. 이에 대한 유성룡의 생각이 어떠한가를 다음 자료에서 보자.

"지금 지극히 중요하고 급한 일은 병사들을 훈련시키는 것보다 더한 것이 없습니다. 병사들이 만약 훈련되어 있지 않다면 비록 그

---

112) 《선조실록》권34, 선조 26년 1월 정축
113) 《서애집》계사, 청령도원수즙화제장계, 3월
114) 《선조실록》권53, 27년 7월 을유

수효가 백만 명이 있다고 하더라도 양을 몰아서 호랑이를 공격하는
것과 같으므로 그것의 부당함은 너무나 명백합니다." [115]

　유성룡이 이처럼 자신의 견해를 밝히는 것으로 보아 그의 군사
훈련 강화에 대한 강한 집착을 엿볼 수 있다. 그는 군사를 훈련시
키는 문제가 군사정책 가운데 매우 큰 일 중의 하나라고 주장하면
서 병사들이 하루라도 훈련을 실시하지 않는다면 이것은 곧 하루
가 퇴보하는 것으로 보았으며, 이런 상태가 계속된다면 그 군대는
마침내 무너지고 말 것이라고 딱 잘라 말하였다. [116]
　유성룡은 어찌하여 병사들에 대한 훈련 강화를 이와 같이 주장
하게 되었을까? 그것은 아마도 군대란 거듭된 훈련을 통해서만 한
명이 적군 백 명을 당할 수 있는 정병으로 키울 수 있다고 생각했
기 때문일 것이다. 그는 훈련받지 못한 다수의 오합지졸보다는 비
록 숫자는 적지만 핵심적인 정예병을 길러야 승리할 수 있고, 동시
에 그가 심혈을 기울여 확보한 군량에 대한 소비도 줄일 수 있다
고 생각했던 것이다. 아울러 군사훈련을 통하여 지휘관인 장수와
병사들 사이에 호흡을 맞추게 하자는 것으로, 군대의 호령과 장수
들의 통제 방법은 하루아침에 통일되지 못하기 때문이다. 유성룡
은 군사훈련 강화의 필요성에 대해 다음과 같이 견해를 밝혔다.

"병사들을 훈련시키는 일은 쇠붙이를 단련하는 것과 같습니다. 쇠붙이는 백 번 정도 단련하지 않으면 사용할 수가 없습니다. 병사들을 훈련하는 일 역시 반드시 정교하게 극치를 이루도록 한 다음에야 화살과 총탄이 난무하는 위험한 전쟁터에 투입하여도 혼란 상태에 빠지지 않게 됩니다." [117]

위 글에서, 병사들의 훈련 강화 필요성에 대한 그의 굳은 신념을 확인할 수 있다. 그는 전투력을 강화하는 데 있어서 병사들의 개인 능력을 특히 중시하여, 정예 병사가 될 가능성만 보인다면 비록 공사천인이나 혹은 그 어떤 신분적 제한에도 구애받지 않고 오직 그의 능력만 보고 병사로 뽑았다. 그뿐만 아니라 군사적 능력이 아주 뛰어난 사람은 벼슬까지 주면서 사기를 높였다. [118]

유성룡이 병사들에 대한 군사훈련을 이렇게 강화하고자 한 것은 소수의 정예병을 양성함으로써, 왜군에 대한 전투 능력을 높일 수 있을 뿐만 아니라 당시 부족한 군사 비용을 효과적으로 이용하고자 했기 때문으로 보인다.

---

115) 《서애집》계사, 청훈련군병계
116) 《근폭집》진련군해이 청령 병조통령책성
117) 위의 책, 인비망기논연병절목
118) 《서애집》서장, 걸초택청병이위후도장, 6월

조령관문 유성룡은 조령과 같은 요새지를 활용하여 요망하도록 하였다.

　지금까지 그의 전투력 강화를 위한 시책 가운데 비교적 중요한 것을 골라 살펴보았는데, 두 번째로는 임진왜란을 극복하기 위하여 그가 주도적으로 개발한 전술 중에서 비중이 큰 것을 골라 설명하여 보고자 한다. 먼저 그는 전투에 있어서 정보를 매우 중요하게 생각하였다. 그것은 적을 효과적으로 격퇴하기 위해서는 적의 동태를 미리 알아내는 것이 필수적이기 때문이다. 그리하여 그 방법으로 척후와 요망을 강조하고 있다. 척후란 우리 편에서 미리 적진이나 그 근처에 사람을 보내 그들의 사정을 탐색하는 것으로 기일보다 앞서서 멀리 배치하는 것이 중요하다. 요망이란 조령과 같은 높은 곳에 전망대를 설치하여 멀리 있는 적의 동태를 살피는 것으로 적군의 침입을 사전에 알아내어 대처하는데 그 목적이 있는 것이다. 이와 같은 척후와 요망은 당시 군대에 있어서는 눈과 귀와 같은 것으로 이를 잘 활용함으로써 승리를 꾀할 수 있게 되는데, 유감스럽게도 임진왜란 초기에는 우리 측 군사 지휘관들이 이것을 제대로 하지 않아 큰 피해를 보게 되었다.

> "각 지방 군사들이 경상도 대구에 모여 있었다. 그러나 순변사 이일은 이곳에 도착하지 않았는데, 왜적들이 가까이 오므로 마침내 우리 측 군사들은 흩어졌다. …… 상주에서 이일의 군사에는 척후병이 없었으므로 왜적이 가까이 온 것을 알지 못했다. 왜적이 가까이 왔다고 알리는 사람을 도리어 민심을 혼란하게 한다고 하면서 목을 베어 죽였다." [119]

유성룡은 척후를 하지 않은 지휘관인 순변사 이일을 안타깝게 여겼다. 그러나 그가 추천하여 전라 좌수사로 발탁된 이순신 장군은 적군에 대하여 척후를 잘하였으므로 승리할 수 있었다고 그는 다음과 같이 서술하고 있다.

---

119) 《징비록》 상주 싸움에서 이일 패주함

"이순신이 군부대 안에 있을 때는 밤낮을 가리지 않고 경계를 엄중히 하여 일찍이 갑옷을 벗는 일이 없었다. …… 척후하는 선박에 연락하여 대비하도록 하였다. …… 경계를 엄하게 하여 적의 습격을 물리치게 되었다." [120]

위의 이일과는 달리 이순신은 군사 지휘관으로서 척후와 경계를 게을리하지 않아서, 정확한 정보를 갖고 적에 대응하였으므로 왜군을 격파할 수 있었다는 것이다. 정보에 있어서 가장 기본이 되는 것은 전투가 벌어지는 지방의 지형과 지리를 잘 아는 것으로 판단한 그는, 명나라 군대가 우리를 도우려 왔을 때 그 지휘관에게 먼저 우리나라 지도를 주었다. 그리하여 전략적 요충지를 그들이 알도록 함으로써 평양을 탈환할 수 있었던 것이다. 그리고 정보를 잘 수집하는 그는 왜적의 간첩 역할을 한 김순량을 잡아 목을 베었기 때문에 왜적들이 우리 측 군대의 상황을 알 수 없어, 전쟁을 우리에게 유리하도록 이끌게 되었다. [121]

그 뒤에 유성룡은 전쟁 상태가 답보하게 되자, 용병하는 방법과 군량 확보 방안, 그리고 상벌을 엄격히 하여 장병들의 사기를 진작시키는 방안과, 합리적인 군사훈련 방법 등을 상소하였으며, 그로 인하여 우리 측이 전진할 수 있었다. 이러한 군사적인 대책과 명나라 군대를 접대한 공로로 그해 12월에는 평안도 도체찰사에 임명되었다. 그 다음에는 전국 각 지방에 격문을 보내 의병을 일으켜 왜적에 대항하도록 하였다.

요망은 높은 곳에서, 먼 곳으로부터 오는 적군을 미리 발견하여 대응하자는 것으로, 현대전의 경계와 비슷하다. 군사들이 움직임에 있어서 경계는 가장 기본적인 요소로, 이것을 소홀히 하면 승리하기가 어렵다. 그러므로 척후와 요망은 군사 집단의 중요한 기본 활동인데, 임진왜란 초기에 왜군이 부산을 공격하여 함락시킨 다음에야, 조선 정부에서는 군사를 모집하여 이에 대처하였다. 이와 같은 태도는 척후와 요망의 중요성을 제대로 알지 못한 때문으로 보이며 특히 문관들이 더욱 그러하였다.

이러한 우리 측 군사 지휘관들의 태도와는 정반대로, 왜군들이 임진왜란 초기에 진격할 수 있었던 것은, 그들의 지휘관들이 우리나라 사람을 포섭하여 척후로 잘 활용한 것도 하나의 이유가 된다. 유성룡은 당시 왜군 지휘관들의 정보 수집 실태를 다음과 같이 말하고 있다.

---

120) 위의 책, 군신 이순신의 계엄
121) 앞의 책, 왜적의 첩자 김순량을 잡아 죽임

"고니시 유키나가가 평양을 점령할 때 우리나라의 간악한 백성 40여 명을 모집하여 우리나라 군부대에 나누어 보내서, 우리 군대의 진지를 정탐하게 하였다. 그리하여 우리 군대의 사정과 동태를 보고 하는 사람에게는 각각 명주와 베, 그리고 소 등을 주면서 이용하였 다." [122]

유성룡은 앞에서 지적한 바와 같이, 우리나라 사람이 왜적에게 매수되어 그들의 정보 수집을 도와주는 사람을 찾아내어 처형하는 한편 적의 간첩을 막아내는 방안을 마련하기도 하였다. 이를테면 각 지방 고을 안의 장정들에게 나뭇 조각에 엄금이라고 쓴 목패를 허리에 차도록 하되 그 안쪽에는 성명과 용모를 새기도록 하고, 바깥에는 주소와 관직 등을 찍어 넣어 구별되도록 하였다. 이렇게 함으로써 간첩을 찾아내기에 유리하도록 했을 뿐만 아니라 백성들이 정착할 수 있게 도움을 주었다. [123]

정보수집 다음으로 그는 왜란 극복을 위하여 장기적인 대책 즉 전략을 수립하였다. 그러한 전략 가운데 대표적인 것이 왜적의 보급로를 차단하는 방안이다. 그것의 대표적인 사례가 산성이나 목책을 만들어, 식량이나 기타 인적 혹은 물적 자원을 이곳에 배치하여 왜군들이 사용하지 못하게 하는 이른바 청야전법을 쓰도록

문경 조령산성의 유적

하였다. 이러한 사례로 대표적인 것이 문경새재에 산성과 둔전을 마련하게 한 것이다. 이 일을 맡아서 주관한 사람은 신충원인데, 그는 유성룡이 발탁한 유능한 인재였으나 문벌 있는 가문 출신이 아니었다. 오직 민병과 승려군 그리고 공사천인 등을 모아 군사적 공로로 수문장이 되었으며, 새재 일대의 지형과 형세 등을 자세히 알고 있었으므로, 여기에 군대를 매복시켜 놓고 관문을 잘 지켰다. 그리하여 정유재란 때는 왜군들이 이런 사실을 알고 새재를

122) 《서애집》 잡저, 전수기의십조
123) 위의 책, 서장, 승유지처치도내군민후상거장

침공하지 못했던 것이다.[124)]

  그는 여기에 그치지 않고 우리의 수군으로 하여금 바다를 왕래하게 하면서, 왜군들의 군수품 보급로를 차단하게 하였는데, 이것은 아주 좋은 전략이었다. 그 당시 왜군들이 바다에서의 전투에 약한 것을 알아낸 뒤에 해전에 능숙한 사람을 수군 지휘관으로 발탁하고 판옥선 100여 척을 만들어 왜적을 격파하자는 것으로, 한산도 앞바다의 대첩이 바로 그것이다. 이때 이순신 장군의 뛰어난 작전 지휘 능력은 우리의 승리를 가져오는 원동력이 되었다. 당시 왜군 지휘관인 고니시가 평양까지 갔으나 조선 수군의 승리로 더 이상 전진할 수 없었으니, 그것은 뒤에서 군수품이 제대로 공급될 수 없었기 때문이다. 이런 사정으로 인하여 우리나라는 곡창 지대인 호남 지방과 호서 지방의 확보가 가능하여 군량을 조달할 수 있었으므로, 계속적인 저항으로 왜란을 극복할 수 있었던 것이다.

  육전에 있어서는 유성룡은 앞에서 거론한 바와 같이 청야전법을 권장하였는데, 그것은 주로 지형이 요새지에 해당하는 조령과 같은 곳에 산성을 쌓아 저항하도록 한 것이다. 이에 관한 다음 자료를 보면 그의 산성에 대한 신뢰성을 이해할 수가 있겠다.

"우리나라가 이전에 거란의 침략을 막은 것은 모두 산성을 이롭게 이용한 때문이며, 상대편 적군들이 꺼린 것도 오직 산성이었다. 《손자병법》에 높은 지대를 먼저 차지한 자들이 이긴다고 하였다. …… 신묘년(1591)에 우리 정부는 왜적들이 장차 침입할 것을 우려하여 호남과 영남의 성곽을 수리하도록 명령하였으나, 성곽이 조잡할 뿐만 아니라 수리한 것도 모두 평지에 있는 성곽이었다. …… 산성은 높은 곳에 자리 잡고 있으면서 아래를 내려다보니, 왜적들이 성 밖에 흙을 높이 쌓아 구름다리를 만들 곳도 없어서 성 안쪽의 동정을 살펴볼 수가 없었다." [125]

유성룡은 이처럼 산성의 전략적 유용성을 자세히 설명하고 있다. 평지에 있는 성은 적군들이 가까이 와서 밖에 흙을 쌓아 올리거나 사다리를 이용하면 쉽게 성안으로 침입할 수가 있지만, 높은 산 위의 요새지에 있는 산성은 적군의 접근이 어렵고, 우리 측은 위에서 요망하기가 좋다는 것이다. 그리고 총포나 화살 등으로 아래에 있는 적군을 공격하기도 쉬워, 아주 유리하므로 이것을 많이 만들게 권장하였다. 이러한 산성의 장점을 잘 활용하였으므로, 역시 유성룡이 천거한 권율은 행주산성에서 왜적들에게 큰 타격을

124) 같은 책, 계사, 조치충주상류차어조령설개둔전계, 2월
125) 위의 책, 잡저, 산성설

주는 빛나는 승리를 거둘 수 있었다.

　다음에는 그가 개발한 전술 가운데 새로운 무기의 도입과 개발에 대하여 고찰하기로 하겠다. 전투에 있어서 무기가 차지하는 비중은 매우 크므로, 동서고금을 막론하고 어느 국가를 가릴 것 없이 우수한 무기를 갖고자 애쓰게 된다. 더욱이 임진왜란 때 왜군은 조총이란 신무기를 갖고서 전쟁 초기에는 위력을 발휘하였다. 이에 맞서 유성룡은 당시의 첨단 무기로 중국 명나라의 대포인 불랑기, 자모포 등을 도입하는 한편, 왜군들로부터 빼앗은 조총을 보고 명나라 장수인 사총병의 자문을 받아 이것을 만드는 기술과 사용 방법을 배웠다.[126] 그는 중국의 화포를 도입하는데 그치지 않고 이를 개량하여 자모포의 성능을 높이게 되었음을 다음 자료는 밝혀주고 있다.

　　"도화선의 장치가 불완전하여 불을 붙이면 모포에서 터지고, 늦게 붙이면 공중에서 번쩍하다 바람에 꺼지므로, 우리나라의 비격진천뢰의 구조를 참고해서 가감하여 이를 개량하였다. 자포의 몸체를 조금 크게 하고 그 가운데 비스듬히 새긴 목신을 장치하고 도화선으로 묶어 밑에 이르도록 하였다. 끌어내린 작은 바구니는 대나무 통으로, 화약이 든 병과 서로 충돌하게 되었다. 밖의 구멍은 얇은 쇳조각으로 막고 그 중앙에 작은 구멍을 뚫어 도화선을 밖으로 통하게 하였다. …… 이것을 사용하면 무궁한 승리를 가져올 수 있으니 제 승의 기구로 보는 자는 자세하게 살펴보아야 할 것이다." [127]

유성룡은 이것을 무기를 만드는 군기시의 담당관인 이자해에 게 명령을 내려 그대로 만들도록 하였다. 여기에 그치지 않고 그 는 호준포를 만들어 보급하였는데, 이것의 장점은 조총보다 늦게 발사하여도 그 힘이 세므로 큰 부대를 막기에는 유리하였다. 그리 고 불랑기는 무거워서 운반하기가 어렵지만, 호준포는 세 사람만 있으면 들 수 있으므로 운반에 매우 편리하였다. 그러므로 군기시 주부인 이자해로 하여금 이것을 계속 만들도록 했는데, 잘 만드는 기술자들에게는 상을 주고 많이 만들게 하였다. [128] 이렇게 만든 화 포를 산성에 있는 포루에 설치하거나 전함 등에 배치하여, 큰 승 리를 얻을 수 있는 배경이 되었다.

더 나아가 유성룡은 왜군의 신무기인 조총에 대하여 상당한 관 심을 갖고 이것에 대응하고자 노력하였다. 그리하여 앞에서 약간 거론한 바 있지만, 그 우수성을 인정하고 이것을 도입하려고 애썼

126) 같은 책, 서장, 천병퇴주평양후조열군중사의장
127) 《서애집》잡저, 자모포
128) 위의 책. 서장, 재걸연병차방절강기계 다조화포제구이비후용장

조총 임진왜란 때 왜군들이 주로 사용한 무기이다.

던 것이다. 그는 특히 왜란 초기에 우리 측의 참패 원인이 왜군들이 조총을 가졌기 때문이라고 생각했음을 다음 자료는 분명히 밝혀주고 있다.

> "임진왜란 때 안과 밖으로 모두 쓰러지고 말았다. 전란 발생 후 십여 일 사이에 수도 한양을 빼앗기고 사방이 무너진 까닭은, 비록 평화가 100여 년간 지속되어 백성들이 군사에 관하여 모르는 점이 있었다고 하여도, 실제로는 왜적들이 조총을 가졌기 때문이다. 조총은 수백 보 바깥 것까지 명중시킬 수가 있다." [129]

유성룡은 이처럼 조총의 우수한 성능을 인정하면서 그것을 우리 측도 가지려고 애를 썼던 것이다. 조총의 제작은 중앙의 군기시에서 맡았으나, 전란으로 원료 조달도 어렵고 기술자들도 많이 흩어져 보다 상급 기관인 훈련도감에서 주로 생산하게 되었다. 그는 훈련도감의 책임자인 도제조를 겸하면서 포수군색인 이자해 등을 지휘하여 조총 등의 무기를 만들도록 했던 것이다. 그리하여 이자해가 지도하여 제작한 조총은 그 성능이 왜군이 갖고 있는 것과 별로 차이가 없이 우수하였으나, 기술자 한 사람이 한 자루를 만드는데 한 달 정도 걸리므로 제작하기가 어려웠다.[130]

　지금까지 유성룡의 임진왜란 극복에 관한 내용을 비교적 자세히 살펴보았다. 그 이유는 그가 왜란을 극복하는데 중추적인 역할을 했기 때문이다.

---

129) 같은 책, 잡저, 기 조총제조사
130) 《서애집》계사, 청훈련군병계, 갑오 춘

벼슬에서 물러난 뒤 고향에서의 생활 09

09 벼슬에서 물러난 뒤
고향에서의 생활

앞에서 살펴본 바와 같이 유성룡은 경상도 안동 풍산 지방의
유학자 가문에서 출생하여, 어릴 때는 아버지와 할아버지 등으로
부터 가르침을 받았다. 그 뒤 당시 이름난 성리학자인 퇴계 이황
을 찾아가 정통 유학을 배운 뒤 문과에 급제하여 벼슬길에 들어섰
고. 당시 신하로서는 최고 지위인 영의정까지 올랐으나, 임진왜란
이라는 우리나라 역사상 일찍이 없었던 큰 전란을 맞이하게 되었
다. 그리하여 그는 이 엄청난 국가의 변란을 극복하기 위하여 온
갖 지혜를 짜내면서 대응했다. 그러나 왜란이 거의 극복될 무렵
그의 벼슬길에는 불운이 찾아오고 말았다. 그것은 우리나라를 도
우러 왔다는 중국 명나라 관원들과의 오해와 갈등이 그 배경을 이
루고, 여기에 당파 간의 대립이 그의 삭탈관직을 촉진하게 되었던

것이다.

우리들이 잘 알고 있는 바와 같이 조선왕조에 있어서 당쟁의 시작은 1575년(선조 8) 이조 정랑직을 둘러싸고 김효원과 심의겸 같은 사대부들이 대립하면서 비롯되었다. 이때 경상도 출신 인사들은 대부분 심의겸 등에 반대하여 동인에 속하였다. 그러므로 유성룡도 당연히 동인이었다. 그 뒤 서인 율곡 이이(1536~1584)가 정부에서 두각을 나타내다가 죽자 동인들이 대거 발탁되었다. 이때 그도 요직을 차지하여 중망을 받았던 것이다. 그 뒤 서인 정철(1536~1593)의 처벌 문제로 다시 동인 사이에 대립이 생겨 남인과 북인으로 갈라졌는데, 이때 유성룡은 남인에 소속되면서 북인과 치열하게 다투게 되었다. 그 사이 1592년 임진왜란이 발생하면서, 엄청난 전쟁 때문에 당쟁이 잠시 주춤했으나, 왜란이 거의 극복 단계에 이르자 당쟁은 다시 격화되기에 이르렀다. 특히 북인에 속한 남이공(1565~1640)이 1597년 정유재란 때 정인홍(1535~1623) 등과 같이 북인의 우두머리로 당쟁에 가담하면서 정권을 잡자 남인들은 갑자기 몰락하게 되었다. 남인의 우두머리에 해당되는 유성룡을 이들 북인들이 가만히 내버려둘 수는 없었을 것이다. 그들은 왜란 중에도 틈만 있으면 그를 모함하고자 애쓰고 있었음을 다음 자료를 통해 알 수 있다.

"유성룡이 중책을 맡은 뒤 임금 선조는 그를 믿고 뒤를 밀어주었으나, 그를 미워하고 질투하는 사람들은 밤낮으로 헐뜯고 트집을 잡아서 임금으로 하여금 그를 싫어하도록 꾸몄다. 왜란 중에 한 번은 그가 임금의 명령을 받고 전쟁터로 떠났는데, 어떤 사람이 말하기를 '지금 왜적이 쳐들어와 도성이 소란한데 유성룡은 싸우러 가면서 가족까지 데리고 가니 인심이 크게 어지러워졌습니다.' 하니 임금이 이 말을 듣고 크게 화를 내니, 대사헌 이헌국이 그를 비롯한 대신들의 가족 소재를 밝혀, 그대로 남아 있다고 하자 비로소 임금의 노여움이 풀렸다." [131]

전란 중에도 이런 형편이니 왜란이 끝날 무렵에는 어떠했는지 충분히 짐작할 수 있을 것이다. 유성룡을 몰아낼 기회만 엿보고 있던 그들에게 하나의 좋은 구실이 다가 왔으니, 그것은 앞에서 지적한 명나라 관원들과의 오해와 대립 과정에서 생기게 되었다. 즉 명나라에서 파견된 주사 정응태는 역시 명나라에서 우리나라에 부임하여 왜란 때 근무하고 있던 경리 양호와 사이가 좋지 않았다. 그리하여 서로 시샘하면서 다투다가 마침내 정응태는 양호를 온갖 방법으로 모함하는 글을 명나라 황제에게 올렸다. 그러자 명 황제는 이 글을 그대로 믿고 경리 양호를 잡아다가 중죄로 다스리고자 하였다. 이에 우리 정부에서는 좌의정 이원익(1547~1634)

을 보내 정응태가 보고한 내용이 거짓임을 보고하였다.[132] 여기에 정응태는 깊은 앙심을 품고 온갖 방법을 동원하여 우리나라와 우리 임금을 헐뜯으면서 명나라 황제와 틈이 벌어지게 하였다. 그러나 명나라 황제는 정응태의 보고를 그대로 믿었는지 경리 양호를 해임하고자 하므로 우리 임금 선조는 양호가 직산 전투에서 잘 싸워 큰 공을 세운 것을 생각해서, 양호를 구하기 위하여 이원익을 보내 해명했던 것이다. 그러나 양호는 결국 해임되고 말았다.

이러한 우리 정부 조치에 불만을 품은 정응태는 더욱 노골적으로 우리를 모함하여 명나라 황제에게 다음과 같이 거짓으로 보고하였다.

> "조선이 그들의 책인 《해동기략》에 일본의 연호는 크게 쓰고 중국의 연호는 작게 두 줄로 써서 중국을 무시했습니다. 그리고 이번에도 중국을 치려고 왜적을 끌어들여 중국의 황제를 배반하였습니다."[133]

그러자 명나라 황제는 배은망덕하다고 노발대발하였다. 이런

---

131) 허목, 《서애유사》
132) 《선조실록》권115, 선조32년 7월 신미
133) 위의 책 같은 조 및 같은 책 권105, 선조31년 10월 을묘

사태가 벌어지자 우리의 임금 선조는 너무나 어이없고 분통이 터져 임금자리를 내놓으려고 하였으며, 수일 동안 정사를 보지 않게 되었다. 그러자 유성룡은 백관을 거느리고 들어가 임금에게 전위하는 것을 극력 만류하였다. 이때를 노려 그의 반대파들은 일제히 그를 공격하기 시작하였으니, 먼저 북인의 영수격인 이이첨(1560~1623)은 그 당시 사헌부 지평으로 있으면서 다음과 같이 유성룡을 탄핵하였다.

> 이때 정응태의 참본에 대하여 변무하는 일로 사신을 보내어 명나라 천자에게 아뢰기로 했는데 …… 유성룡은 임금의 뜻을 알고도 사신으로 가기를 자청하지 않고 …… 지평 이이첨은 드디어 '변무하는 일은 잠시라도 늦추어서는 안 되므로 재상으로 사신을 지명했으나 구태여 피함으로써 지극히 중하고 급한 일에 시일을 지연시켰으니 임금의 오명을 씻는 일을 과연 이처럼 지체하면서 소홀하게 할 수가 있겠습니까?' 하고 왕에게 아뢰었다.[134]

이 자료를 보면 그의 반대파들은 그가 자진해서 명나라에 사신으로 가지 않은 것을 트집 잡고 있다. 그러나 그 당시 국내의 혼란한 사정을 생각한다면 꼭 영의정이 사신으로 가야할 만큼 사정이 한가하지 않았던 것이다. 그러나 그들 반대파는 이런 형편을 전혀 고려하지 않고 연달아 집중적으로 그를 논박하였으니 이번에는 정인홍의 제자인 사간원 정언 문홍도(1553~?)가 다음과 같이 유성룡을 규탄하고 있다.

"소신이 영남에 있으면서 풍원 부원군 유성룡이 간사하고 시기하며 나라를 그르치고 백성을 병들게 한 죄를 많이 들었는데 …… 임금님께서는 고립되어 있어서 그의 죄악을 듣지 못하시고 있으므로 저는 초야에 있으면서 항상 분개했습니다. 이번에 마침 언론관 자리에 있게 되었으니 감히 말하지 않을 수 없습니다." [135]

이 내용을 훑어보면 구체적인 잘못을 제시하지도 못하고 매우 추상적으로 죄를 얽어매고 있다. 도대체 그가 어떻게 간사하고 시기한단 말인가? 더욱이 불철주야로 위기에 빠진 국가와 백성을 구제하기 위하여 온갖 노력을 기울인 그를, 나라를 그르치고 백성을 병들게 했다는 말로 탄핵한다는 것은 도저히 납득하기 어려운 일이다. 이것 이외에도 반대파들은 사헌부와 사간원 등과 같은 언론기관에 근무하고 있던 그들 당파를 동원하여, 집요하게 유성룡을 공격하였으니 이를테면 사헌부 집의 송일, 사간원 사간 이상

134) 《선조수정실록》 권32, 선조31년 9월 계미
135) 위의 책 권32, 선조31년 11월 임오

신, 사간원 정언 이유홍 등은 선조 31년 10월에 집중적으로 탄핵하고 있다.[136] 그러다가 마침내는 성균관 학생들까지 동원해서 그를 탄핵하는 상소문을 올리게 하였다.[137] 여기에 그치지 않고 그들 반대파 인사들은, 그가 명나라에서 왜군 측과 화친을 추진하는 것을 반대했음에도 불구하고, 오히려 일본과 강화하기를 주도했다고 선동하면서 그의 벼슬을 빼앗도록 임금에게 강요했다. 반대파의 이러한 주장들이 모두 터무니없는 선동 술책이었음을 다음 자료는 분명히 확인시켜 주고 있다.

"생각하건대 유성룡은 평소에 두터운 신임을 얻어 여러 해 동안 나라 일을 맡았기 때문에 크게 여러 소인배들의 미움을 사게 되었다. 그들은 처음에는 사신 가기를 자청하지 않은 것으로 죄를 삼더니, 곧 기회를 틈타 근거 없는 말과 이치에 맞지 않는 비난을 마음대로 만들어 마침내 자애스러운 어머니가 베틀에서 북을 내던지는 지경에 이르렀으니 슬픈 일이로다. 당시 사헌부와 사간원의 여러 신하 가운데 어찌 한두 명의 지식인이 없었겠는가마는 소인배들의 유혹과 위협을 받아 같은 말로 헐뜯어 배척하였으니 더욱 애석하다. 이런 비난하는 논의는 대개 이경전 남이공의 무리들이 몰래 주장하고 문홍도와 이이첨이 창도한 것이라고 한다."[138]

위의 글은 실록 편찬에 가담한 사관이 논평한 것으로 보이는

데, 문장의 논리가 정연하고 사리에 타당한 것으로 여겨진다.

북인들의 이와 같은 집중적인 공격이 있기 전에 그는 사태의 변화를 예측했는지 선조31년 2월을 전후해서 임금에게 사직할 뜻을 여러 번 상소하였다. 그러나 그때까지 임금 선조는 그의 사직을 번번이 받아들이지 않고 거절하였다. 그러자 이번에는 사헌부 대사헌 정창연(1552~1623)까지 함께 나서서 그의 벼슬 빼앗기를 강요하니 임금도 마음이 흔들리는 것 같았다. 그리하여 사헌부의 책임자인 정창연, 사헌부 집의 송일, 사헌부 장령 유몽인(1559~1623) 등이 집단으로 나서서 그의 삭탈관직할 것을 강요하고, 사헌부 지평에서 홍문관 수찬으로 자리를 옮긴 이이첨도 계속적으로 극단적인 말투로 그를 공격하면서 삭탈을 요구한 지 4일 만에 왕은 그의 파직을 명령하였다.[139]

그런데 이들 반대파의 공격에도 불구하고 임금 선조는 속마음으로는 유성룡을 믿고 있었던 것 같았으니, 그것은 비록 삭탈되기 8개월 전에 생긴 일이지만 임금은 그에게 다음과 같이 당부하고 있었다.

---

136) 《선조실록》권105, 선조31년 10월 을묘, 병진
137) 위의 책, 권105, 선조31년 10월 무오
138) 《선조수정실록》권32, 선조31년 11월 임오
139) 위의 책 같은 조

"이와 같이 어렵고 위태로운 때를 당하여 재상으로서 어찌 가볍게 물러날 수 있는가? 아무리 비방하는 말이 있더라도 더욱 나랏일에 힘을 다해야 할 것이며, 가볍게 스스로 지나친 염려를 하는 것은 온당한 일이 아니다. 나의 지극한 뜻을 살펴서 이후 다시는 더 사양하지 않도록 하여라." [140]

위의 내용은 그가 선조31년 3월 사직 상소를 올리자 이것을 돌려주면서 임금이 그에게 요청한 것이다.

이것을 좀 더 분석하여 본다면 선조는 아직 전란이 완전히 끝나지 않은 혼란한 시기이므로 유능한 그가 재상으로 계속 그대로 머물러 달라는 요청이다. 지금 비록 그를 비방하고 헐뜯는 사람들이 있더라도 개의하지 말고, 임금의 신임하는 마음을 이해하고 사퇴하지 말라는 당부를 했던 것으로, 선조도 그간의 사정을 어느 정도 파악하고 있는 듯이 보인다. 그렇지만 그 뒤에 그의 반대파들이 워낙 집요하게 집단적으로 그를 공격하니, 이때 와서는 어쩔 수 없이 그의 벼슬을 삭탈한 것 같다.

그리하여 유성룡은 그가 57세 때인 선조31년(1598) 11월경 자일에 파직당하자, 그다음 날 바로 수도 한양을 떠나 고향인 안동 하회를 향했던 것이다. 한양을 떠난 지 2일째 되던 날 그는 지금 경기도 양평군인 양근의 대탄에 유숙하면서 다음과 같은 시를 지었다.

"전원(고향을 가리키는 듯함)으로 돌아가는 길은 3천리인데 / 유악(임금이 거처하는 궁궐을 말하는 것 같음)의 깊은 은혜는 40년 동안이었네 / 도미천에 말을 세우고 머리를 돌려 바라보니 / 종남산(서울 남산을 가리킴) 색깔은 아직도 그대로 변함이 없구려" [141]

이 시를 음미해 보면 그는 삭탈관직을 당하여 고향으로 내려가면서도 그간 임금에게 입었던 은혜에 대하여 생각하고 있으며, 원망하는 기색은 전혀 보이지 않는다. 그리고 남산과 같은 자연은 변함이 없는데, 인간 사회는 수시로 변하고 있음을 은근히 암시하고 있는 듯하다. 그 뒤 서울 한양을 떠난 지 10일째인 11월 30일에는 충청도 충주 고을 금탄에 도착하여 이곳에서 머물러 자게 되었다. 이때 중국 명나라 장수인 경력 오서린이 근처에 있다가 유성룡이 여기에 왔다는 이야기를 듣고 사람을 시켜 편지를 보내와서 서로 잠깐 만나보고 싶다는 의사를 물어왔다. 그러자 그는 지금 죄를 얻어서 고향인 안동 하회로 돌아가고 있는 중이기 때문에 감히 상견하는 의례를 행할 수 없다고 하면서 사절했다. [142]

이렇게 하면서 그는 드디어 고향 하회마을에 돌아왔다. 고향에

<hr />

140) 《서애집》 연보 57세
141) 위의 책 57세 11월 계묘
142) 같은 책, 57세 11월 신해

충효당 하회에 있으며, 유성룡의 종손들이 거주하고 있는 곳이다.

정착한 다음 그의 생활이 어떻게 진척되었는지 이제부터 살펴보기로 하자. 우선 그는 도착한 뒤 집에서 그렇게 멀지 않은 금계의 조상 묘소를 찾아 성묘부터 하였다. 그것은 아마도 그가 오랫동안 벼슬살이하느라 객지에서 살았기 때문에 자주 성묘하지 못한 죄책감으로 그렇게 했을 것이다. 그 뒤로는 부용대 넘어 있는 옥연 서당에 가서 사색과 독서를 하였다. 여기 있으면서 그는 어쨌든 삭탈관직된 처지이기 때문에 조용히 자숙하면서 지내고자 했던 것이다. 특히 그는 반대파의 중상과 모함으로 벼슬에서 쫓겨나 죄인 신분이 되었으므로, 마음의 상처가 컸는지 얼굴이 매우 수척해

졌으며 또한 근신하는 자세를 취하였다. 그리하여 찾아오는 손님들도 맞아들이지 못하고 돌려보내는 처지에 이르렀다.[143]

이때에 그의 사람됨을 너무나 잘 알고 있던 고향 주변 일대의 여러 사람이 그를 위하여 임금에게 상소를 올려 억울함을 호소하려고 하였다. 이 소식을 전해 들은 그는 급히 평소 친하게 지내던 사람들에게 글을 보내 그것을 힘껏 말렸다. 마침 이때 춘삼월 좋은 시절이라 옥연서당 경내에 복숭아꽃이 화사하게 만발하여, 그는 이것을 오랫동안 감상하다가 갑자기 다음과 같이 말하였다.

"이 물건이 도대체 나의 어떤 일에 관계가 되는가, 마음과 몸은 맑고 비어서 어느 한 쪽으로 기울어 집착하는 일이 있어서는 안 되겠다."[144]

이 내용을 풀어서 당시 그의 생각을 짐작해 본다면 대략 다음과 같을 것이다. 따뜻한 봄철에 곱고 흐드러지게 핀 복사꽃은 보는 사람들의 마음을 기쁘게 해주기에 충분하여, 그도 거기에 끌려

143) 위의 책, 58세 3월 계미조에 "이때 한준겸(1557~1627)이 경상도 관찰사로 와서 그를 찾아뵙고자 했으나, 편지를 써서 보내어 사양하였다."라고 기록되어 있다.
144) 같은 책, 같은 날 뒷부분

감상하다가 문득 자신의 입장을 생각하게 되었을 것이다. 그래서 이러한 세속적인 아름다움에서 벗어나 심신을 안정시켜 중용을 지키면서 살아가겠다는 뜻으로 보인다. 즉 아름다움이나 미워함 등과 같이 어느 한 쪽으로 치우치지 말고, 바른 자세로 인생 항로를 걸어가겠다는 의지의 표현으로 여겨진다.

유성룡이 고향에 돌아온 그다음 해 4월 8일, 왜란이 그치고 사회가 어느 정도 안정되자 그의 어머니 안동 김씨는 피난 생활을 청산하고, 봉화 근처 태백산 아래에 있는 도심촌으로부터 고향에 돌아왔다. 그러자 그는 그동안 고생하신 어머니를 위하여 간단한 잔치를 베풀었다. 이때 그의 어머니는 아들이 벼슬에서 쫓겨나고 아직도 그에 대한 핍박이 그치지 않았다는 이야기를 듣고는, 새벽마다 첫 닭이 울 때면 반드시 일어났다. 그리고는 노구를 무릅쓰고 의복을 깨끗이 입은 다음 정화수를 바쳐놓고 다음과 같이 하늘에 빌었다.

"아들이 집에서는 지극한 효자였고, 나라에는 그간 충성을 다하였습니다. 하늘님께서 위에 계셔 굽어살피고 계시니 감히 거짓으로 속일 수가 있겠습니까?" [145]

부용대 유성룡은 어머니를 모시고 이곳을 자주 드나들면서 산책하였다.

　유성룡의 어머니는 이렇게 간절히 기원하기를 수십 일 동안이
나 계속하였다.

　그가 고향에 내려와 살면서 가장 정성을 기울인 것 중의 하나
는, 정통 유학자답게 돌아가신 조상님들을 섬기고, 살아계신 어머
니와 부용대 등을 거닐면서 즐겁게 하는 것이었다. 그리하여 추석
직전인 8월 14일에는 조상님들의 묘소가 있는 서후 금계에 가서
묘소 일대를 단장하였다. 이날 그가 말을 타고 하회를 출발하여

---

145) 《서애집》연보, 58세 4월 정사

금계로 갈 때 소를 타고 지나가는 어떤 사람이 그가 탄 말을 스치고 지나가는 일이 벌어졌다. 이것을 본 그의 아들과 집안 아이들이 그 무례한 행동을 보고 분개하여 벌하려고 하였으나, 그는 자제들을 엄하게 꾸짖고 그를 무사히 보내주었다.

그는 그간 벼슬살이하느라 제대로 하지 못한 유학에 대한 공부에도 열정을 쏟는 한편, 제자들을 가르치고 학문에 대한 토론도 열심히 하였음을 다음 자료에서 확인하여 볼 수 있다.

> "요사이 사람들은 옛날 사람들의 학문을 토론하는 경로에 대하여 일부분에 대한 견해도 없으면서 거만하여, 정자와 주자 등과 같은 유학자를 얕잡아 보려고 하는데 이런 현상에 대하여 나는 탄식하지 않을 수 없다. …… 그러나 학문의 도리는 환하게 밝아서 눈앞에 있을 뿐이다. …… 그러나 그대와 같은 소견은 다행히도 사리에 어긋나거나 모가 나지 않으니 천만 번 더욱 학문에 힘써서 다른 학설에 의하여 흔들리지 않는다면 어찌 서로 같이 지내는 것으로서만 다행스러울 뿐이겠는가?" [146]

이 글의 내용은 그의 제자였던 김홍미(1557~1604)에게 말한 것이다. 이것을 좀 더 부연해서 설명한다면, 지금 사람들 중에는 옛날 사람들의 학문에 대해 깊은 이해도 없이 새롭게 유학을 체계화하여 정리한 정자와 주자 등을 무시하려는 일부 사람들을 나무라고 있다. 그런데 김홍미 그대는 학문에 대한 생각이 합리적이고 타당하니 앞으로 더욱 다른 학문에 현혹되지 말고 서로 협조하여 정통 유학인 성리학을 보다 더 연구하고 발전시키자는 것으로 볼 수 있겠다.

이와 같은 유성룡의 학문에 대한 태도와 인생관은 그의 스승이었던 퇴계 이황(1501~1570)으로부터 영향받은 바가 컸다. 즉 그는 퇴계 학문의 정맥을 이어받았을 뿐만 아니라 이황의 제자들 중 영수의 한 사람으로 지칭될 정도였으므로 퇴계의 영향이 매우 컸던 것이다.[147] 그는 계속하여 김홍미에게 다음과 같이 이야기하였다.

"만약 마음을 다스리고 성격과 감정을 기르는 학문에 종사한다면, 수많은 세상의 어수선한 일들이 스스로 나의 마음을 더럽히지 못할 것이며, 또한 늙는 것도 모르게 된다. 그러나 나는 평생토록 이 뜻을 항상 알기는 했지만 마음에 있는 둥 마는 둥 하여 지금은 머리에 백발만 가득할 뿐이다."[148]

---

146) 위의 책, 58세 10월 정축
147) 김호종, 〈서애 유성룡의 학문과 학통〉《역사교육론집》31, 141쪽
148) 《서애집》연보, 58세 10월 정축조 뒷부분

옥연서당 부용대 넘어 있는 서당으로 그는 여기서 《징비록》을 집필하였다.

　유성룡은 성리학에 대한 자기의 견해를 밝히는 한편, 사실은 그간 벼슬살이 때문에 그와 같이 행동하지 못한 자기 자신에 대하여 반성하는 기색이 뚜렷이 나타나고 있다. 그러면서도 다른 측면에서는 세상의 추잡하고 혼란스러운 현상에 대하여, 흔들리지 않고 의연히 대응하여 나가겠다는 다짐으로도 보인다. 여기서 마음을 다스리고 성정을 기르는 학문이란 바로 이기를 중심으로 사단칠정의 뜻을 규명하는 것을 핵심으로 하는, 성리학 자체를 의미하는 것은 말할 것도 없다. 즉 성리학을 제대로만 공부한다면 세상의 모든 혼란과 비방에서 벗어날 수가 있다고 보았던 것이다.

그는 고향에 있을 때 자주 옥연서당에 들러서 시간을 보낸 것 같다. 이곳에 소나무와 대나무를 심고 다른 꽃나무도 가꾸어, 독서와 교육 그리고 사색하는 틈틈이 수목과 화초를 보면서 자연을 즐기기도 하였다. 이때 그는 스승 퇴계 이황의 연보를 지었는데, 그것을 완성한 뒤 지난날 스승에게 배우던 그 시절이 그리웠던지, 그의 제자인 김윤안과 김태 등에게 다음과 같은 시 한 구절을 지어 주었다.

> "미묘한 말씀 끊어진 지 오래되었는데 / 사람은 어디에 있을지 / 후학들은 여기저기 사정도 어려워라 / 남긴 책을 품에 안고 한숨 지우니 / 거문고에 줄이 끊겨 탈 수가 없네 / 서쪽 숲에 고개 돌려 멍하게 서서 / 시냇가에서 공부하던 그 시절 생각하네 / 가까운 진리를 찾을 길 없어 / 시름 실은 지팡이 저문 구름가와 같구나." [149]

이 시의 내용을 가만히 음미하여 보면 착잡한 그의 심정과 지난날의 추억이 아련히 떠오르는 듯하다. 이 당시 그는 옥연서당에서 유학 공부를 계속하면서 유교 경전에 나오는 구절들을 검토하였다. 그리하여 내용을 새로 깨닫거나 해석될 경우, 제자들과 논

---

149) 위의 책, 59세 3월 기미

의하거나 설명하여 주었는데, 다음 글은 그러한 사례 가운데 한 구절이다.

　　"지난 겨울에 《대학》가운데 격물설을 읽고 생각하다가 밝게 깨달은 곳이 있는 것 같아서, 글 10구절을 써서 바로잡기 위하여 지금 자네에게 보낸다. 그런데 그 마지막 편에, '인심과 도심이 실로 모두 다 마음인데 그 인심인 줄 알고 도심인 줄 아는 그것이 어떤 물건인가? 이 물건이 어둡지 않으면 정일하는 공부가 곧 여기에 있다.' 라고 한 것을 요즈음 내가 이 뜻을 연구하여서 분명하게 알았다." [150]

　이 내용은 그가 유교 경전 가운데 하나인《대학》을 고향에 내려 와서 다시 읽다가 그중의 한 부분인 격물치지설에서 새로이 깨달은 바가 있었는데, 특히 인심도심설에 대하여 자세히 검토하여 새롭게 규명한 것을 그의 제자인 김홍미에게 알려준 것이다. 이와 같이 그는 고향에서 틈이 생길 때마다 자제들과 제자들에게 성리학 관련 서적들을 자세히 읽도록 권장하였는데, 그중에서도 4서를 특히 중시하여 이것을 정독해서 외울 수 있도록 하라고 당부하고 있다.

　이러한 경향도 그의 스승이었던 퇴계 이황의 영향을 많이 받은 결과로 생각되는데, 퇴계는 평소 유학 서적을 공부하면서도 그중에서 《대학》과 《소학》 그리고 《심학도설》과 《근사록》 등을 매우 중요시하여 이것들을 열심히 배우고 또 실천하도록 강조했던 것이다.[151]

《대학》과 《소학》 유성룡이 공부한 유학 경전이다.

그리하여 자기 나름대로 《대학》이란 유교 경전을 연구하여 하나의 질서 정연한 이론 체계를 수립하여, 종래 다른 학자들의 이에 관한 학설을 비판하기도 하였다. 그러나 그는 성리학을 이렇게 이론으로만 공부하는 것이 아니라, 그 사상을 실천하고자 노력하고 있었으니 그것은 대체로 유학에서 강조하는 충·효 덕목의 구체적 실현이다. 이를테면 벼슬을 빼앗기고 죄를 뒤집어쓴 상태로 고향에 내려와 있는 처지에도 불구하고, 임금 선조의 왕비인 의인왕후 박씨(1555~1600)가 죽었다는 소식을 듣고는, 옥연서당에서 궁궐 쪽을 바라보면서 슬피 울었던 것이다. 그리고 그의 늙은 어머니를 모시고 다니면서 수시로 꽃구경 등을 시켜드릴 뿐만 아니

150) 같은 책, 59세 10월 기해
151) 김호종 〈서애 유성룡과 안동·상주지역의 퇴계학맥〉 《한국의 철학》 28, 69쪽

라, 계절에 따라서 조상의 묘소가 있는 금계에 가서 제사를 지내 거나 청소를 하였다. 이러한 일들을 때로는 그의 형인 겸암 운룡 (1539~1601)과 함께 하는 경우도 있었다.[152] 이처럼 그는 주자학의 이론과 실천을 모두 중시하면서 학문을 닦아나갔다.

유성룡의 제자들과의 학문적 교류는 그 뒤에도 계속되고 있었으니 그의 수제자였던 정경세(1563~1633)와의 학문적 논의는 특히 두드러진 바가 있었다. 그가 제자 정경세에게 보낸 다음 글을 보자.

> "이 가운데 무한한 광풍제월이 들어 있는데도 불구하고 세상에서 독서한다는 사람들이 우선 누에실이나 소털 같은 작은 데서 두서를 찾고 검토하는 곳으로만 향하여 가고, 하늘같이 높고 바다같이 넓은 가슴을 잃어버리기를 면하지 못한다. 지금 중국에서 논의가 시끄러우니, 주자에게 누를 끼친 자들은 바로 자기 자신이 글을 똑바로 잘 읽지 못한 때문이니 선생에게는 무슨 상관이겠는가?"[153]

유성룡은 유학 공부의 태도와 방법에 대하여 핵심을 비교적 자세히 설명하고 있다. 즉 이 내용은 그의 제자인 정경세에게《주자서절요》를 주면서 그의 학문관을 제시한 것으로 이해된다. 학문은 기본적인 큰 원리를 파악하고 이것을 이해하여야 하는데, 이러한 사실을 알지 못하는 사람들은 지엽적인 작은 사실에만 집착하여 진리를 놓치고 만다는 것이다. 그런 까닭에 세상은 시끄러워지게 되는데, 이것은 원리를 제시한 주자 같은 성현의 잘못은 아니라는 것이다.

그는 평소에도 시간이 나면 고향에 들러 제자들을 만나 공부하는 방법을 가르쳐 주었는데, 문장이 뜻하는 바의 말단에만 얽매이지 말고 근본적인 것을 파악하여 익히도록 강조하면서, 다음과 같이 추가적인 당부를 하였다.

> "배우는 사람에게 가장 바람직한 것은 그 마음이 안정되고, 생각하는 바가 맑고 밝아진 다음이라야 궁리하고 격물치지 하는 공부가 비로소 잡혀지게 된다. 만약 마음 사이에 그것을 배양하고 함축하는 힘이 없다면 이른바, 배우고 묻고 생각하고 분별하는 것과 살펴보고 다스려 이겨내는 공부가 어느 곳에 의지할 것인가?" [154]

다시 말하자면 공부하는 사람들에게 가장 필요하고 중요한 것은 마음을 안정시켜 조용하게 한 다음, 생각을 맑고 밝게 하는 것이라고 주장하고 있다. 즉 명경지수와 같이 그런 차분하고 맑은

152) 《서애집》연보, 59세, 7월 을사 및 8월 갑신
153) 위의 책 연보, 63세, 9월
154) 같은 책 같은 달 뒷부분

마음 위에, 진리는 제대로 수용될 수 있다고 생각했던 것이다.

유성룡은 고향에 돌아와 옥연서당을 비롯한 정사와 서당 같은 조용한 곳에서 제자들을 지도하고 손님들을 맞이하였다. 그리고 틈틈이 조용한 시간을 가려 책을 읽고 공부하면서, 책을 짓는 저술활동도 전개하였다. 그가 공부하면서 관심을 가진 것은 새로이 정리된 유학 즉 성리학이었으며, 성리학의 이념을 지켜가기 위하여 노력했다. 그리고 이 과정에서 다른 학문에 대해서는 비판적인 자세를 취하게 되었음을 다음 자료를 통하여서도 파악할 수 있다.

"주자학과 양명학이 서로 어긋나는 중요한 점은 다만 격물치지 4 글자에 대하여 의견을 별도로 세우는 데 있다. 주자는 말하기를 '사람 마음의 신령한 것은 모르는 것이 없고, 천하에 있는 물건은 이치가 없는 것이 없다.' 라고 하여 사람으로 하여금 물건에 대하여 이치를 연구해서 그것을 알 수 있도록 한 것이다. 이에 대해 양명은 말하기를, '이치는 내 마음속에 있는 것이니 밖에서는 찾을 수가 없다.' 라고 말하여, 그가 학문을 논하는 것은 한결같이 양지로 주장을 삼았다. …… 무릇 눈이란 천하의 빛을 볼 수 있는 것이지만, 천하에 빛이 없다면 눈으로 무엇을 볼 수가 있겠는가? 오로지 안에 있는 것은 옳고 밖에 있는 것은 옳지 않다고 해서는 안 될 것이다. …… 양명도 또한 굽은 것을 잡으려고 하다가 곧은 것을 너무 지나치게 한 사람인가 보다. 그렇지 않다면 불교에서 말하는 '머리를 고쳐 얼굴을 바

꿔서 일세를 탄다는 것' 이 아닌가?" [155]

유성룡은 양명학을 주로 비판하면서 불교도 곁들여 비판했던 것이다. 이러한 그의 처사는 성리학으로 근본을 삼아 학문과 교화를 하려는 의도로 풀이된다. 그것은 그의 스승 퇴계의 뜻이기도 하였다. 위의 주장에 뒤이어 그는 어떤 사람이, "양명의 본심설로 명나라 세종 무렵의 문의의 폐단을 구제할 수 있겠습니까?" 하고 질문하자, 유성룡은 대답하기를 "옛날 사람이 불속에서 괴로워하는 사람을 보고서 문득 그로 하여금 물에 뛰어들게 하였는데, 물과 불이 비록 서로 다르기는 하지만 사람을 죽이기는 마찬가지이다. 양명이 송나라 말엽 문의의 폐단을 바로잡고자 오로지 본심설을 주장했으나, 그 폐단이 도리어 문의의 폐단보다 더 심한 것이 있는 줄은 알지 못했던 것이다." 라고 말하였다. 그러면서 왕양명이 아는 것과 행동하는 것, 즉 지행을 합해서 하나라고 하면서 성리학을 정한 주자의 학설을 극력 반박한 것에 대하여, 그는 〈지행합일설〉을 저술하여 양명학에 대해서 체계적으로 비판하였는데, 그 내용을 다음과 같이 간략하게 요약하고 있다.

---

155) 위의 책 9월 《양명집》을 읽고 시와 서를 썼다.

"성현의 학문이 비록 행실에 중점을 두고 있지만 아는 것을 더욱 귀하게 여기는 것은, 아무리 독실하게 행한다고 하더라도 아는 것이 따라가지 못한다면 익히는 것이 착실하지 못하고 행실이 주밀하지 못해 마침내 정미한 곳을 거쳐 극치에 도달하지 못하기 때문이다. ······ 그런데 오늘날 언어와 문자의 말단에서 주워 모은 것을 가지고 성질을 논하고 이치를 논하며 스스로 안다고 하면서 조금도 심신에 간섭이 없는 자들은 모두 덕을 포기한 것이다. 그런데 이것으로 안다고 한다면 그 거리가 어찌 천리뿐이겠는가?" [156]

학문에 있어서 근본적인 문제를 망각하고, 지엽적인 것만 가지고 성리를 논하면서 날뛰는 자들의 이론은 그 본질과는 거리가 멀다고 거듭 강조했던 것이다.

이와 같이 그는 정통 유학인 성리학을 지켜나가는 일에 헌신하였을 뿐만 아니라, 고향으로 내려와 조용한 생활을 즐기면서 저술 활동도 계속하였다. 이 시기에 저술된 그의 작품 가운데 중요한 것을 몇 가지 골라 내용을 간단히 소개하면 대략 다음과 같다.

● 《징비록》

이 책은 그의 대표적인 저서로 현재 국보 제132호로 지정되어 있다. 그 내용은 1592년부터 1598년에 이르기까지 임진왜란 때의 주요 사실을 기록하였으며, 왜란의 근본을 밝혀 뒷날 경계하려는 데 그 목적이 있었다. 저술 시기는 정확하게 알 수 없지만 서문에 고향에 은거하면서 나라의 정치를 걱정하는 뜻에서 지었다고 했으므로 영의정에서 쫓겨난 다음 1599년 이후에 저술하였을 것이다. 그 주요 내용은 왜란 초기 부산에서 관군이 무너지고 상주 충주 등에서 연달아 패전하여, 서울이 함락되고 함경도에서 두 왕자가 포로가 되는 등의 과정을 기록하였다. 그러나 이순신 장군이 바다에서 이겨 제해권을 잡고 각 지방에서 의병들이 일어나 병참로를 끊었고, 또 명나라 군대가 원조하여 평양을 수복했으므로 승리의 기틀을 잡았다고 하였다.[157]

● 《난후잡록》

이 책도 임진왜란 뒤의 일들을 기록하였다. 책머리 부분에서 임진왜란 이후의 사실을 기록하여 뒷날을 삼가려는데 뜻이 있다고 하여 앞의 책과 저술 동기가 비슷하다. 뒷부분에는 여러 문집에서 뽑아낸 인물에 대한 평가가 실려 있다. 그리고 조선 초기부

---

156) 《서애집》연보, 64세 1월 신사
157) 김호종 《서애 유성룡 연구》1994, 새누리, 49쪽

터 명종 시대에 이르기까지의 이름난 관원들의 명단과 기타 임진
왜란과 관계있는 몇몇 사람들의 인물 평가가 실려있다.[158]

● 《신종록》

이 책은 풍수지리에 관하여 기록한 것이다. 그가 59세에 이르
러 형님인 겸암 운룡과 어머니인 안동 김씨가 사망하자, 상례를
바르게 치르려고 이 책을 지었다. 그 내용은 묘지의 선택과 장례
시간과 장례 방법, 그리고 성수방위도와 풍수류 등이다. 이 책의
서문에는 저술 목적이 다음과 같이 적혀 있다.

"사람이 부모에게 당연하게 해야 할 일은 잘 섬기는 것과 죽어서
장례를 잘 치르는 데 있다. 장례 절차는 염을 마치면 땅에 묻는 순서
이다. 땅에 묻을 때는 택지, 택시, 장법 등이 있는데 매장법은 예문에
기재되어 있어 능력에 따라서 치르고 있다. 그러나 묘터 잡기와 시
간 잡기는 사대부들이 평소 관심이 없어서 갑자기 초상을 당하면 어
쩔 줄 몰라서 오로지 풍수장이의 말만 듣게 된다. 그러나 부모의 만
년유택을 정하는 데 있어서 오로지 세속의 풍수장이에게만 맡겨둘
수는 없다. 그러므로 묘지를 선택하는 기본적인 지식은 알아야 한
다." 라고 하여 사대부 지식인들의 묘지 선택에 대한 각성을 촉구하
였다.[159]

● 《침구요결》

이 책은 59세 때인 1600년에 지은 것으로《의학입문서》가운데서 침구편만을 요약한 것이다. 이 책의 편찬 목적은 당시 그의 고향을 비롯한 시골에는 전문 의료인이 없는 경우가 많아 시골 사람들의 건강에 도움을 주기 위해서 지었는데, 자세한 편찬 동기는 서문에 다음과 같이 적혀있다 "사람의 오장육부와 12경락 그리고 365혈은 천지 음양의 운행과 같으므로 하늘 땅 사람 삼재의 묘한 이치를 통달하지 않으면 의학의 미묘한 이치를 알 수가 없다. 그러나 근세 중국의《의학입문》은 고대 한방의 여러 가지 학설을 절충한 의학책이지만 약을 복용하고 병을 다스리는 방법이 너무 복잡하므로, 읽는 사람들의 취사선택이 절대로 필요하였다. …… 그래서 이 의학책을 보고 시골 사람들도 침술을 조금만 알면 이것을 보고 병을 고칠 수 있다고 생각하여 정리하게 되었다. 장차 이것을 한글로 번역하여 우매한 부인들도 읽고 알 수 있도록 하고자 한다."[160]라고 밝혀 책의 편찬 목적을 분명하게 알 수가 있다. 그는 이와 같이 일반 대다수 국민들의 복지 증진을 위해서 벼슬에서 물러난 뒤에도 노력하고 있었던 것이다.

158) 위의 책 51쪽
159) 같은 책 52쪽
160) 앞의 책 53쪽

● 《근폭집》

이 책도 유성룡이 고향에 내려와 은거하면서 지은 것이다. 그 주요 내용은 임진왜란 중에 임금 선조에게 올린 차자와 계사 등으로 이것을 등사하여 편찬한 책이다. 근폭이란 중국의 《열자》라는 책의 양주편에 "옛날 송나라에 한 농부가 항상 겨울철에 삼베옷을 입고 지내다가 봄철에 와서 따뜻한 햇볕을 등에 쬐니 너무 마음이 기뻐서 이 따스한 햇볕을 우리 임금에게 가져다 드리고 싶다."라고 말한 고사에서, 보잘것없는 물건이지만 임금에게 드리고 싶었던 한 농부의 소박한 정성을 생각하게 되었다. 그래서 그도 당시 한적한 고향 하회마을에 살면서도 나라를 사랑하고 임금에게 충성하고 있음을 나타내고 있다.[161]

● 《상례고증》

그는 61세 때인 겨울에 이 책을 편찬하였다. 이 책은 오랫동안 주자학을 배워서 성리학적인 예법에 능통한 그의 형인 겸암 운룡의 영향을 받아 저술하였을 것으로 추측된다. 이 책의 제후에 편찬하게 된 이유를 다음과 같이 밝히고 있다. "상을 치르는 가운데에서를 읽다가 내용에 기재된 것이 너무 많을 뿐만 아니라 혼잡스럽게 섞여 나와서 참고하기에 어려운 점을 염려하였다. 그리하여

《주자가례》에 실려 있는 각 조목을 기준으로 삼고 여러 가지 예설을 수집하여 각 항목별로 나누어서 상중하 3편을 만들고 또《양씨의례》의 복제도식을 가져와 각 항목의 밑에 붙여 상고하여 찾아보기에 편리하도록 했다." [162] 라고 서술함으로써 저술하게 된 이유가 분명히 들어난다. 이것도 어떻게 생각하면 일반 국민 대중들이 복잡한 장례의식 절차를 쉽게 이해하여, 실제 생활에 활용할 수 있도록 하기 위해서 지었을 것이다. 지금까지 설명한 6가지 저술 이외에도 그가 지은 책이 많지만 우선 편찬 동기가 뚜렷이 나타난 것 가운데 중요하다고 생각되는 것을 골라 소개하는데 그쳤다.

고향 하회에서 은거하는 동안 그의 누명은 벗겨지고 관직은 다시 회복되었다. 그리고 공신에 등록되어 호성공신이라는 칭호를 내리고 그를 다시 불렀으나 그는 이를 모두 사양하면서 다음과 같은 상소문을 임금에게 올렸다.

"제가 외람되게 임금님의 은혜를 입어 친히 부르심을 받았으니 참으로 감격하고 황공하옵니다. 곧 바로 몸을 이끌고 길을 나서야 마땅하오나 불행하게도 지난 7월부터 종기가 생겨 매일 뜸질하다가

---

161) 앞의 책 54쪽
162) 위의 책, 56쪽

화독까지 생겨 창병이 되었습니다. 그래서 한 방 안에서도 사람을 기다려서 기거하고 있는 판에 천리 길을 가려면 백 가지 계책으로도 어찌할 수가 없습니다. …… 생각하건대, 제가 일찍이 대신이라는 높은 지위에 있으면서 관직을 문란하게 하고 나라를 그르친 죄는 있어도 공은 없는데, 다시 공훈적에 들어가 성조의 수치가 되게 하시니 저는 밤낮으로 부끄럽고 두려워서 어찌할 바를 모르겠습니다. 바라옵건대 저의 간절한 애원을 살피시어, 공신훈적에서 저의 이름을 삭제하시어 제가 분수에 편안하도록 하여 주시면 매우 다행하겠습니다." [163)

이 상소문은 표현상 매우 정중한 거절로 보이나 그의 내심은 여러 가지 착잡한 감정이 뒤섞여 사양하였을 것이다. 어쨌든 그는 관직을 삭탈당하여 고향에 내려온 뒤에는 임금이 여러 차례 불렀으나, 번번이 적당한 구실로 거절하면서 결국은 가지 않고 버티었던 것이다. 유성룡이 고향 하회로 내려온 지 7년이 지나서 잠시 서미동으로 이사를 하였다. 그 이유는 이때 홍수가 나서 하회마을이 수해를 만나 주변의 나무들이 없어지고 황폐하여졌을 뿐만 아니라, 손님들이 너무 찾아와 번거롭기 때문이었다. 그리하여 깊은 산골에 있어 조용한 서미동으로 이사하여 조그마한 초당을 짓고 거처하면서 저술과 독서에 주력하였다. 이 초당은 겨우 3간밖에 안 되는 보잘것없는 것이지만, 그는 농환재라는 당호를 붙이고 주변의 산수를 보고 기뻐했던 것이다. 이때 그는 그의 자제들에게 다음과 같이 자기의 견해를 밝히고 있다.

> "사람들이 이익과 욕심에 빠져서 염치를 잃어버리게 되는 것은 모두 만족할 줄을 모르기 때문이다. 이 집이 비록 꾸밈이 없고 누추하지만 비바람을 가릴 수 있을 뿐만 아니라, 추위와 더위도 피할 수 있으니 이 이상 무엇을 더 구하겠느냐? 무릇 사람이 자기가 있는 곳에 안정하면서 걱정스러운 생각이 없다면 어느 장소인들 살지 못하겠느냐?" [164]

이와 같이 유성룡은 물욕이 없으면서 청렴결백하게 살아가고자 하였으며, 그의 자손들에게도 그와 같이 살아가기를 기대했던 것으로 생각된다.

서미동의 농환재에 기거한 지 다섯 달이 지난 뒤 그는 돌아가신 어머니의 제사를 모시기 위하여 다시 하회로 돌아왔다. 그러나 이때 그에게 병이 생겨 자제들이 서미동 농환재로 돌아가 조리하도록 요청했으나, 거절하고 제사를 마친 뒤에야 돌아갔다. 그 뒤에 그의 병세는 점점 악화되어 갔는데, 1606년 말인 12월 중순, 금

---

163) 《서애집》연보, 63세 8월 갑신
164) 위의 책 연보 64세 9월 및 65세 3월

게 선산에 임시로 매장한 죽은 누이의 관을 광주 신양리로 반장하고 돌아온 뒤로는 더욱 악화 되었다.[165] 그러나 그는 자제들에게 아픈 표정을 보이지 않고 옷과 갓을 바르게 하여 새벽에 일어나 자제들과 함께 스승이었던 퇴계 선생의 문집을 교정하기도 하고 유학의 의리를 강론하기도 하였다.

그러나 그 이듬해 그가 66세에 들어서는 병세가 점점 더 악화되어 그해 2월 갑오일에는 거처하던 방이 번거롭고 시끄럽다고 하여 초당으로 거처를 옮겼다. 이렇게 거처를 옮긴 이후로는 부녀자들을 모두 물리쳐 가까이 오지 못하게 하였으며, 심지어 시중드는 하녀라도 방 안에 들어오지 못하도록 하였다. 그리고는 자신의 죽음에 대한 예감이 있었는지, 형의 아들인 조카 심에게 자기가 죽어서 들어갈 관을 미리 만들도록 부탁했던 것이다.[166] 이러한 소문을 듣고 평소 가까이 지내던 사람들이 병문안을 하고자 많이 찾아왔는데, 그는 기운이 쇠하여 말은 하지 못하고 대신 글을 써서 다음과 같이 알렸다.

"제가 지금 병이 오랫동안 낫지 않고 나날이 더욱 악화되어가고 있는데, 어진 친구들이 연달아 와서 문병한다는 말을 듣습니다. 지금 죽고 사는 사이에 인정으로 마땅히 일어나 일일이 맞이하여 보고 죽어야 하겠지만, 기력이 없어서 뜻을 이룰 수가 없습니다. 그러하

오니 여러분께서는 이런 처지를 양해하여 주시면 대단히 다행스럽게 생각합니다." [167]

이제 유성룡은 문병온 사람들을 직접 만날 수 없을 정도로 병세가 위독하게 되었다. 이런 상태에서도 그는 그다음 날 자손들에게 시 한수를 지어 다음과 같이 당부하였다.

"수풀 속에 새 한 마리는 쉬지 않고 우는데,
문 밖에는 나무 베는 소리가 정정하게 들리도다.
한 기운이 모였다 흩어지는 것도 우연이기에,
평생 동안 부끄러운 일 많은 것이 한스럽구나.
권하노니 자손들아 꼭 삼가라.
충효 밖의 다른 일은 없는 것이다." [168]

유성룡은 이처럼 마지막 순간까지 성리학의 주요한 덕목인 충성과 효도를 강조하고 있다. 그다음 달에는 지난날 영의정이란 최고 관직을 지낸 대신으로서 임금에게 올리는 마지막 상소문을 초안하게 되었는데, 여기에는 평소 그가 지닌 신념과 그리고 삭탈관

---

165) 같은 책, 연보 65세 12월 을사
166) 위의 책, 연보 66세 2월 갑오
167) 위의 책, 연보 66세 2월 갑진

직당한 뒤의 여러 가지 착잡했던 느낌들이 함께 담겨 있는 듯이 느껴진다. 그러면 나음 그의 유소를 읽고 감상하여 보도록 하자.

> "지금 저는 병이 들어 정신이 어둡고 아득해서 별로 할 말이 없습니다. 그러나 지금 왜란이 조금 풀리긴 했으나 남아 있는 걱정이 아직 많습니다. …… 바라옵건대 임금께서는 깊이 생각하시고 길이 생각하시어 덕을 닦고 정치를 세워 근본을 확립하면서 공평하게 듣고 아울러 잘 살펴서 여러 신하의 뜻을 다 이해하여야 할 것입니다. 그리고 백성들을 잘 기르고 어진 사람을 등용하며 군사 정책을 밝게 닦고, 훌륭한 장수를 골라 일을 맡겨 성공을 책임지도록 하시옵소서. 제가 말씀드리고 싶은 것은 오직 이것뿐입니다. …… 제가 금년에 66세인데 이제 목숨이 다되었으니, 수명은 더 오래 연장하기는 어렵습니다. 임금께서 의원을 보내어 치료하게 하시니 저는 감격하고 죄송한 마음을 감당할 수가 없습니다." [169]

이 내용을 좀 더 음미하여 본다면 왜란이 지금 극복되어 가고 있지만 아직 전후에 처리할 문제가 많이 남아 있으니 정신을 차려야 한다는 것이다. 그다음 나라를 다스리는 최고책임자인 임금께서는 경솔히 행동하지 말고 신중하게 깊이 생각하면서, 덕으로 어진 정치를 하여 국가의 근본을 바로 세워야 한다고 하였다. 그리고 한쪽 말만 듣지 말고 중심을 잡아 공평하게 들어서, 일을 처리하여야 나라가 혼란에 빠지지 않는다는 것이다. 끝으로 그는 임금이 나라의 근본인 백성들을 잘 보살펴 기르고, 어진 사람과 유능한 장수를 골라 채용하여 나라를 잘 지켜 가도록 요청하였다. 여기에 더하여 군사와 국방에 대한 정책을 잘 세워 추진하여 외국의 침략을 막도록 당부하였던 것이다.

마지막으로 유성룡은 자기의 죽음을 직감했는지 자손들에게 그간 남에게 빌렸던 책들을 되돌려 주라고 부탁하면서 그들에게 최후의 훈계를 다음과 같이 진지하게 당부하였다.

"너희들은 착한 일을 항상 생각하면서 이것을 힘써 실천한다면 가문을 잘 지켜갈 수 있을 것이다. 내가 죽거든 장례는 간소하게 지낼 것이며, 남에게 요청하여 비석 같은 것은 하지 말고 만장도 스스로 만들어 보낸 것만 쓰도록 하여라. 가업을 지키는 데는 스스로 체통이 있으니 문란하게 하지 말아야 한다. 정성과 효도 그리고 화목은 가업을 지켜 나가는 도리이다. 장례와 제사는 오직 정성과 공경에 있으니 풍성하게 하지 마라." [170]

168) 같은 책, 연보 66세 2월 을사
169) 《서애집》연보, 66세 3월 임신
170) 위의 책, 위의 조문 뒷부분

서애 유성룡의 묘

　유성룡은 그의 자손들이 이것을 잘 지켜 가문을 계승 발전시키
는데 힘쓰도록 하였다. 이렇게 그는 자손들에게 마지막 유계를 남
긴 뒤 때때로 찾아오는 손님들조차도 문병을 사절하고, 조용히 안
정을 취하면서 66세를 일기로 그해 5월 무진일(6일) 진시에 정침에
서 이 세상을 마쳤으며, 그 뒤 절차를 거쳐 풍산 서쪽 수동리 뒷산
남향 자락에 묻혔다.[171]

---

171) 같은 책, 연보 66세 5월 무진 및 7월 정유

죽은 뒤에 빛나는 위대한 삶 10

10 죽은 뒤에 빛나는 위대한 삶

　지금까지 서애 유성룡의 일생에 대하여 대략적으로나마 살펴보았다. 그가 버슬자리에 있을 때나 혹은 물러났을 때 당파를 달리하는 사람들로부터 지나친 비난과 공격을 받아 자신이 수행한 업적이 평가절하를 당하였다. 이러한 모든 현상이 그가 평소에 우려하던 붕당의 폐단으로 생겨났음은 설명할 필요도 없을 것이다. 참고로 그가 지니고 있었던 붕당에 대한 생각을 살펴보고자 한다.

　"명종 말년에 와서 권세를 부리던 간신들이 제거되니, 정치를 자못 새롭게 하려고 하였다. 이에 산림에 숨어 있던 선비들을 불러들여 벼슬을 많이 주니, 사람들이 즐거워하며 태평성대를 이룰 수 있다고 하였다. …… 그러나 등용된 사람들은 대개 언행이 일치하지 않는 이가 많고 세속의 좋아하는 것만 따르는 자도 있었다. 그래서 공적인 도리를 저버리고 당파를 위하여 죽는 폐단이 점차로 형성되어 문제가 많이 생겼다."[172]

유성룡은 당파의 폐단을 우려하면서도 그는 여기에 그치지 않고, 정치에 있어서는 공정한 여론으로 시비를 가리는 것이 매우 중요하다고 단정하면서 언론의 개방을 강조하였다. 그러나 붕당정치가 잘못되면 공론은 기대하기 어려워지고, 그에 따라서 시비도 분간하기 곤란하게 된다고 다음과 같이 자기의 소신을 밝히고 있다.

"이 세상의 사리는 옳고 그른 것을 가리는 일보다도 더 큰 것은 없다. 시비를 가린 다름에야 좋아하고 미워하는 것을 밝힐 수 있고, 좋아하고 미워하는 것을 밝힌 뒤라야 취할 것과 버릴 것을 결정할 수 있을 것이다. …… 그렇지 않고 간사하고 사사로움을 품어 이익과 재물을 구하여 한 번 이름을 선비에 붙이면 비록 죄악이 많고, 기강이 파괴하여 일을 망쳐도 남들이 감히 말하지 못하게 한다. 그리하여 그 잘못을 논의하는 사람이 있으면 당장 그를 시기하고 질투한다는 명목으로 공격하게 되는 것이다."[173]

---

172) 유성룡 《운암잡록》붕당
173) 위의 책, 붕당과 공도

유성룡은 자기의 붕당과 공도에 대한 견해와 그로 인하여 부수적으로 생길 수 있는 문제에 대하여 규명하고 있는데, 거꾸로 그 자신이 이러한 폐단으로 인하여 벼슬자리에서 쫓겨났던 것이다. 그러나 그가 평소에 강조했다시피, 세상 일의 이치는 옳고 그른 것을 가리는 것보다도 더 큰일이 없으므로, 그가 정책을 수행하면서 이룩한 업적에 대하여 올바른 평가를 하는 것이 중요한 일로 생각된다. 그리하여 지금부터 그와 같은 작업을 대강이나마 진척시켜 보고자 한다.

우선 유성룡은 앞에서 이미 말한 바 있지만 우리나라 역사상 일찍이 볼 수 없었던 나라의 큰 변란인 임진왜란을 당하여, 당시 영의정과 도체찰사란 직책으로 정치가와 군사 전략가를 겸하면서 온갖 노력을 기울인 결과, 엄청난 국난을 극복할 수 있었던 것이다.[174]

그는 벼슬을 빼앗긴 다음 고향에 돌아와서 지난날의 왜란 당시 그가 취한 행위에 대하여 다음과 같이 회고하였다.

"나는 밤과 낮을 가리지 않고 왜적들의 침략을 걱정하여 국가를 방위하는 정책으로 조금이라도 생각한 것이 있으면 이를 실천하기 위하여 정성을 다 기울이지 않은 것이 없었다."[175]

유성룡이 나라를 왜적들로부터 지키기 위하여 여러 가지 방안을 강구했던 것은 앞에서 대략 고찰하였지만, 그중에서 새롭게 평가할 만한 것을 몇 개만 골라 덧붙여 살펴보고자 한다.

먼저 훈련도감의 설치 운영이다. 훈련도감은 유성룡이 왜란 때 명나라 원군이 평양을 탈환하여 승리한 근본적인 이유가, 종전의 기마병과 화살 위주의 전투에서 벗어나 조총과 총칼 등을 중심으로 하는 척계광의 절강병법에 있음을 남 먼저 파악하고 이것을 재빨리 받아들이는 한편, 당시 많은 백성이 굶어 죽는 것을 구제하려는 목적과 함께 설치한 것이다. 즉 이것은 전문적 직업 군인 제도로서 당시 재정 형편상 중앙에서만 이를 설치했는데, 그 내용은 국가에서 식량을 주고 군인을 모집하여 훈련을 철저히 함으로써 오합지졸이 아닌 정예병으로 기르게 하였다. 이렇게 설치된 훈련도감은 그 뒤

부산진순절도 (보물391호)

---

174) 이수건,〈서애의 사회경제관〉《서애연구》1, 1978,152쪽
175)《서애집》잡저, 서임진시말사시아배

조선 후기에 와서는 우리나라 군대 가운데 가장 중심적인 군영으로 성장할 수 있었다.[176)]

훈련도감은 이와 같이 그가 설치한 이후 계속 성장 발전하여 조선 후기에 이르러 5군영 가운데 가장 중추적인 군영으로 성장하게 된 배경은 어디에서 찾을 것인가? 그것은 아무리 생각해도 그가 시대의 진행 방향을 미리 통찰하고 거기에 맞게 재빨리 대응했으므로, 시대정신에 부합하여 성장했을 것으로 해석된다.

다음으로 그는 왜란 때 부족한 군량 문제를 해결하기 위하여 여러 가지 정책을 세워 추진하였다. 그 가운데 주목할 만한 대책이 지방에서 바치는 공물을 쌀로 바치게 한 것이다. 이러한 그의 정책도 조선 후기의 정책 당국자들에게 그대로 받아들여지게 되었으니, 이른바 대동법의 실시가 그것이다.[177)] 대동법은 잡다한 공물 납부로 고통받는 백성들을 구제하는 한편, 징수의 편의를 위해 실시한 조선 후기 조세 제도에 있어서 하나의 획기적인 개선책이다. 이 제도의 단서를 유성룡은 왜란을 치루면서 피부로 느껴 체험적으로 열어나갔던 것이다.

다음은 그의 선진적인 신분 제도의 개선에 대한 생각이다. 우리가 잘 아는 바와 같이 근대 이전의 전통사회는 엄격한 신분 제도에 얽매어 있었다. 그러나 그는 가능한 범위 안에서 능력만 있으면 신분의 구애를 그렇게 받지 않고 발탁하여 쓰고자 하였다.

　여기에 대한 대표적인 사례가 신충원의 발탁이다. 신충원은 문벌 가문의 출신도 아니고 현직에 있는 자도 아니었다. 오직 일반 백성과 승려와 노예들을 모아 군사로 삼아 군공을 세울 수 있었으므로 수문장이 되었다. 그 뒤 신충원은 조령의 지형을 잘 알고 있었으므로 군사를 숨겨 왜적을 막게 되었는데, 유성룡은 그를 절제사로 승진시키고, 조령 일대에 둔전까지 설치하게 하여 관문을 튼튼히 지키도록 하였다.[178]

　물론 당시는 전란이라는 비상시국도 고려해야 하지만, 그때도 현직 고관들 가운데는 그의 진취적인 신분에 대한 생각에 반대하면서 비난하는 사람들이 많았다. 그런데 그의 공노비와 지배층 개인들이 소유하던 노비들을 우대하여 군대에 편입했던 시책은 조선 후기에 와서는 속오군 제도의 시행으로 노비들의 군대 편입이 제도로 굳어졌다. 이와 같이 그가 계획을 세워 추진한 정책은 당시로서는 진취적이고 개혁적이어서 기득권 세력과 이해가 충돌되어 비난을 받는 경우가 많았으나 결과적으로는 시대의 흐름을

176) 허선도, 〈서애 유성룡과 임진왜란의 극복〉《서애연구》1, 1978, 119쪽
177) 김호종, 앞의 책, 238쪽
178)《서애집》계사, 조치충주상류차어조령설개둔전개

통찰한 것으로 되어, 뒤에 와서는 모범적인 정책으로 실현되고 있었다.

이번에는 유성룡의 산업에 대한 인식과 사상이 어떠한 지를 고찰하는 순서가 되겠다. 조선왕조의 기본적인 산업 정책은, 널리 알려진 것처럼 농업을 위주로 하는 중농 정책이었다. 따라서 지방 고을 수령들이 해야 할 일 가운데 첫 번째로 중요한 것이 농업을 권장하는 일이며, 이것의 잘잘못은 수령의 근무 성적 평가에 있어서 큰 비중을 차지하였다. 그러므로 농업 이외의 산업은 대체로 무시되어 억제하였거나, 최소한의 수준에서 현상 유지만을 하였다. 이런 상황에서 조선은 임진왜란을 맞이하여 산업에 있어서도 정책상의 변화가 요구됐다. 이 시기에 정책 수립자의 한 사람으로 대두한 그는 어떤 정책을 추진하였으며 그것이 끼친 영향은 어떠한지 살펴볼 필요가 있겠다.

우선 그는 농업을 기본으로 생각하면서 생산량을 늘리는 데 노력하였다. 그 방법으로는 농지를 확대하여 증산을 꾀하는 것으로서, 결국은 국가 재정을 튼튼히 하는 데 목적이 있었다. 그것은 그가 권력의 핵심에서 정책을 입안하는 처지에 있었으므로 자연히 그렇게 되었을 것이다. 농지 확대 방안으로는 농지의 개간 사업과 둔전의 설치, 그리고 목장을 농지로 바꾸는 등의 시책을 추진하였다. 그 다음에는 소금을 생산하는 염업에 상당한 관심을 갖고, 이 것을 확충하는 데 힘을 기울였다. 그는 특히 소금의 이익이 매우 큰 것을 일찍부터 이해하고 있었는데, 다음 자료는 그것을 확인시 켜 주고 있다.

> "소금으로 생기는 이익을 나라의 비용으로 사용한 것은 이미 역 대부터 행하던 계책이다. 옛날 사람들은 소금을 나라의 큰 보물로 삼고 백성을 가르치는 방편으로 삼았다. 그래서 황폐한 바닷가 땅을 변용하여 부자가 되게 한 것이 한두 번이 아니었다." [179]

유성룡은 이처럼 염업에 많은 관심을 나타내고 있다. 그리하 여 그는 소금 생산과 유통하는 방안을 구체적으로 마련하여 이것 을 국가 경비에 효과적으로 사용하고, 일반 백성들에게도 이익이 될 수 있도록 정책을 세워서 시행하였다. 그러한 과정에서 백성들 에게 피해가 생기지 않도록 각별히 조심하는 한편, 일반 백성들의 생활 안정을 도모했던 것이다.

그리하여 그는 소금을 생산하는 사람들에게 여러 가지 혜택을 주어 소금 생산을 늘려 그들도 일정한 이익을 얻게 한 뒤 나머지

---

179) 《군문등록》 을미, 11월 12일

는 국가 재정에 보태도록 하였다. 이렇게 생산된 소금은 생산자와 국가에 이익을 줄 뿐 아니라 나머지는 전국적으로 유통하게 된다. 당시 바닷가에서 생산된 소금이나 수산물의 유통은 주로 상인들을 통하여, 배로 이루어지기 때문에 상업의 발달을 촉진시켰던 것이다.[180)]

유성룡의 산업에 대한 인식 가운데 끝으로 상업에 대한 인식은 어떠했는지 고찰하여 보고자 한다. 그는 상업에 대하여서도 선진적인 시각을 갖고 이것을 상당히 권장하였다. 그리하여 수도 한양의 상업은 말할 것도 없고 전국 각 지방의 장시 상업이나 심지어 국가 간의 상업 거래인 무역도 적극적으로 권장했던 것이다. 이와 같이 상업을 보호하고 장려하는 그의 사고방식은 당시의 단순한 도학자적인 사대부들에게는 매우 찾아보기 어려운 일이다. 그 당시 상업이 성장하려는 추세를 보이자 정부의 지배층들은 이에 대한 견해가 둘로 갈라지고 있었으니, 하나의 관료 집단은 상업을 장려하여 물자 유통을 활발히 함으로써 식량의 수요 공급과 물가를 안정시킬 수 있다는 입장인데 유성룡은 물론 여기에 속한다. 또 다른 하나의 관료 집단은 상업이 발달하면 국가 중심 산업인 농업이 위축되어 문제가 많다는 보수적인 입장이다. 이들은 시장이 활성화되어 상업이 성하면 농민들이 농사를 버리고 이윤을 추구하는 상인이 되어, 농업 생산에 지장을 줄 뿐만 아니라 도적이 늘어난다고 하면서 상업을 금지할 것을 주장하였다.

그러나 유성룡은 상업을 일정한 범위 안에서 장려하였으며, 특히 임진왜란이 일어난 그 이듬해인 1593년에는 중강진 지방에 공식적으로 시장을 열어 주었다. 그러므로 16세기 말의 장시 발달은 사무역의 발달을 바탕으로 하고 있으나, 사실은 그의 정책적인 장려로 인하여 반대자들의 의견을 누르고 이를 장려한 것도 무시할 수 없을 것이다.

그의 상업 장려의 목적은 국가를 우선 부강하게 하는데 두어졌음을 다음 자료를 통해서도 알 수 있을 것이다.

"옛날 태공은 상업을 권장하고 어업과 염업의 이익을 늘렸으므로 제나라는 부강하게 되었습니다. 우리나라는 소금의 이익이 가장 많으니, 소금 이익을 더 늘리자면 생산에 종사하는 백성들의 부역을 줄이고 다음에는 배로 운반하여 상업 거래를 잘하도록 해야 합니다." [181]

---

180) 고동환, 〈조선 후기 상업과 국가권력〉《안동사학》9 · 10 합집, 397쪽
181) 《선조실록》권64, 선조 28년 6월 임인

유성룡은 이렇게 상업을 권장하여 국가가 재정적으로 넉넉해지면, 그것을 바탕으로 당시 굶주리고 있는 백성들을 구제하는 한편 부족한 군량을 확보하고자 하였다. 이와 같이 그는 산업 정책을 추진함에 있어서 농업은 말할 것도 없고 어업과 염업, 그리고 상업 등과 같은 산업을 모두 장려하였다. 당시 농업은 지배층에 속하는 성리학자들이 권장하는 공통적인 사항이었다. 그러나 그는 여기에 바탕을 두면서도 부국강병을 이루기 위하여 상업이나 어염업 장려 정책을 실시하였던 것이다. 그의 이러한 부국강병 사상은 국가 정책으로 수립되었으며, 그가 영의정으로 권력을 잡고 있을 때는 보다 더 활발하게 추진되었다.

유성룡의 경제에 대한 인식은 우선 국가를 부유하게 해야 한다는 것이다. 즉 나라가 부강해지면 나라의 근본인 백성들은 자연히 생활의 안정을 얻을 수 있다고 생각하였다. 그리고 백성들 생활 안정은 재물, 즉 식량에 근거를 두고 있으므로, 백성들로 하여금 잘살 수 있게 하는 것이 곧 부국강병이 되는 것이라고 이해했던 것이다. 이와 같은 그의 경제 사상은 당시 집권하고 있던 그의 동지들에게도 영향을 주었으니 다음 자료에서도 그러한 경향을 엿볼 수 있을 것이다.

"백성들을 모아서 보호하고 그들의 재산을 증식시켜 주며 가르치는 것이 가장 급한 일입니다. 지금 전란을 겪은 나머지 생령이 거의 다하였으니 마땅히 백성들을 구제하는 일을 첫째로 삼아야 할 것이요, 군사를 다스리고 요새지를 설치하는 것은 모두 그 다음에 할 일입니다. 옛날 중국 위나라가 적에게 침공당하여 남은 백성들이 얼마 되지 않았으나, 문공은 거친 베로 지은 옷을 입고 …… 백성들의 재물을 늘리는 데 힘쓰고 농사를 장려했으며, 상업을 권장하여 물화를 유통시키고 공업을 권장하였습니다." [182)

 이것은 당시 이조판서로 있던 그의 동지인 김우옹(1540~1603)이 선조 임금에게 건의한 내용으로 그의 견해와 거의 일치하고 있다. 이와 같은 그의 경제사상은 임진왜란이라는 급박한 전란 때문에 임시 변통적으로 나온 것이 아니라, 그의 학문에서 우러나온 변함 없는 사상이었다. 다만, 왜란으로 인하여 그런 생각이 좀 더 굳어졌을 가능성은 부인하기 어려울 것이다. 기본적으로 그의 학문적인 태도는 근본 원리와 실용, 즉 체와 용을 모두 겸하여 구비하도록 주장하였다. 여기서 이것을 쉽게 풀이하면 근본이 되는 산업인 농업과 실용적 산업, 즉 염업과 상공업 등을 모두 겸하여 발전

---

182) 위의 책 권72, 선조 29년 2월 계축

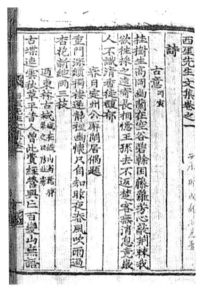
유성룡의 문집　그의 저술 내용이 들어 있다.

시켜야 한다는 논리이다. 이러한 체용 겸전 사상은 바로 지행설과도 일치한다. 지는 아는 것이고 행은 아는 바를 실천하는 것이다. 그는 물론 지를 더욱 중요시하여서 지가 없는 행은 불교인들의 주장이라고 비판하면서, 지가 중요하지만 행을 통해서 얻을 것을 강조하였다.[183] 이러한 내용은 그의 문집 여러 곳에서 발견 할 수 있다.

유성룡은 이렇게 체용 겸전을 주장하여 경제 문제도 중요시하였지만, 이것의 부작용도 있으므로 주의해야 한다고 하였다. 즉 곡식이나 옷감은 사람이 살아가는 데 필요한 것으로 하루라도 없어서는 안 되지만, 이것을 둘러싸고 투쟁하고 빼앗으려는 폐단이 생기므로 지나치게 이익을 추구해서는 안된다고 경계했던 것이다.[184]

여하튼 그의 이러한 사상은 그가 권력의 핵심에 있었으므로 정책으로 수립되어 실천됐다. 그리하여 당시 어려운 상황이었으나,

그래도 어느 정도 실용적인 산업이 발달될 수 있었다. 그리고 이러한 분위기와 경제적인 성장은 그 뒤로 이어져서 조선 후기 상공업이 발전하는데 하나의 밑바탕을 이루었을 것으로 생각된다.

어떠한 정책 추진의 결과에 대한 평가는 그것을 추진한 지배층의 평가보다는, 그 정책 추진으로 인하여 직접 영향을 받는 해당 백성들의 평가가 훨씬 객관적이고 합리적이다. 그렇다면 당시 그의 상업 장려 정책이 실제로 어떻게 구현되었는지, 거기에 종사했던 상인들의 반응을 통하여 알아보는 것이 매우 타당하다고 여겨진다. 유성룡이 죽었다는 소식이 수도 한양에 전해지자, 서울에 살고 있던 사대부들은 모두 그가 전에 살았던 집터에 신주를 만들어 놓고 울었다. 그리고 시장에서 장사하는 사람들도 모두 흰옷과 흰 두건으로 상복을 하고 분주하게 찾아와서 슬피 울었으며, 각 상점에서는 줄을 지어 연달아 조의금을 보내왔던 것이다. 여기에 더하여 국가 제도에는 정승이 죽으면 조회를 3일간 정지하고, 시장도 3일 동안 철시하게 되어 있었다. 그러나 당시 서울시내 상인들은 3일 이외에 그들 스스로 하루를 더하여 4일간 상점문을 닫고

---

183) 《서애집》잡저, 지행설. 여기서 그는 지식은 감각에서 얻지 말고 체험을 통하여 얻어야 한다는 논리를 펴고 있다.
184) 위의 책, 잡저, 조명설

철시한 다음, 모두 거리에 나와서 눈물을 흘리면서 다음과 같이 말하고 있었다.

"우리 상인들이 이와 같이 어진 정승을 잃은 것은 마치 어린아이가 어머니를 잃은 것과 같구나." [185)

당시 상인들은 대체로 지식수준이 낮아 단순하고 소박한 경우가 많았다. 그들은 유성룡의 상업 정책으로 상업이 발달하여 이익을 볼 수 있었기 때문에 이와 같이 그의 죽음을 슬퍼하고 아쉬워했을 것이며, 손해를 무릅쓰고 4일 동안 장사를 하지 않고, 가게문을 닫았을 것이다.

여기서도 그의 상업 정책은 상업 발달에 일정하게 기여했음을 알 수 있다. 조선 후기 사회는 대체로 산업이 발달되었으며, 그 중에서도 상업과 수공업의 발달이 두드러졌다는 것이 대체적인 견해로 수용되고 있다. [186) 이러한 현상은 조선 후기에 대두된 실학사상도 크게 영향을 끼쳤다고 생각된다. 그런데 이와 같은 실학사상이 지금까지는 대체로 조선 후기 기호 지방에 거주하고 있던 재야 남인들에 의하여 발생하였다고 인식하고 있는 추세이다. 그러나 그와 같은 실학사상이 갑자기 생긴 것은 아니고, 일정한 단계를 거쳐야 가능한 것이다.

그 배경은 바로 서애 유성룡
이 위로는 퇴계 이황 사상을 이
어 받고, 아래로는 조선 후기 실
학파를 연결하여 주는 교량적인
역할을 했다는 견해는[187] 타당한
것으로 이해된다. 위에서 고찰한
바와 같이 그의 선각적인 사상
과, 그것에 기초하여 추진한 여

퇴계 이황의 초상 유성룡의 스승이자 학자.

러 정책들이 조선 후기에 와서 그대로 시행되었거나, 아니면 약간
수정하거나 보완하여 시행된 것이, 바로 그것을 증명하는 것으로
볼 수 있을 것이다.

---

185) 위의 책, 연보, 66세 7월 정유, 및 《선조실록》권211, 선조 40년 5월 을해, 그가 살던 묵사
    동엔 집터만 있었다
186) 고동환, 앞의 논문 396쪽
187) 이수건, 앞의 논문 167쪽.

부록

유성룡 어록

* 사람은 하늘과 땅의 가장 중요한 요소를 받고 태어난다. 그러므로 사람의 성품은 인·의·예·지의 이치를 두루 갖추고, 그 도리는 오륜이 있어서 이것을 자신이 실천해야 하는 것이다.

* 소인들은 고집스런 마음과 사사로운 꾀로 남을 시기하고 억압할 마음을 갖는다. 그러나 군자들은 마음 쓰는 것과 이를 처리하는 것이 모두 공정하여 시기심과 같은 것은 없고 서로 동지들과 의하여 착한 일이라면 따르기를 좋아한다.

* 세상이 잘 다스려질 때는 옳고 그른 것과, 다르고 같은 것이 다 공정한 마음에서 나오므로 나라와 자신을 위하는 일에서 사사로운 마음이 그 사이에 섞이지 않는다.

* 오늘날에 있어서 급한 일은 여러 가지 말을 하는데 있지 않고, 오로지 국민들을 편리하게 하는 정책을 시급히 실시하는데 있다. 그러나 더욱 요구되는 것은 국민들의 마음에서 우러나는 지지와 협조를 얻는 것이다.

* 양반 사대부들의 개인 노비는 우리나라 국민이 아니란 말인가? 개인 노비를 군대로 보내는 것을 잘못된 시책으로 말하고 신분이 천한 사람을 벼슬길에 등용시킬 수 없다고 한다면 옛날 중국의 한나라 때 위

청은 노예 출신으로 벼슬을 했는데 이런 사실을 어떻게 설명할 것인가?

* 지금 사람을 뽑아 쓸 때 반드시 문벌과 지역을 먼저 따지고 있는데, 이러한 문벌과 지벌이 과연 적을 물리칠 수 있단 말인가? 이런 것을 따지지 말고 오직 실용할 수 있는 인재만을 구해야 한다.

* 지금 국가는 전에 없던 변란을 당했다. 이것을 구할 수 있는 방법은 보통 때와 같이 옛날 형식대로 해서는 안 된다. 다른 모든 것이 다 그렇지만 사람을 뽑아 쓰는 일은 더욱 중요하다.

* 정치가 잘되면 장수를 제대로 뽑을 수 있고, 사람들 마음을 화목하게 할 수 있으며, 군사들을 제대로 훈련시킬 수 있다. 이런 다음에 야성을 높이 쌓고 성 주위 도랑도 깊이 팔 수 있다. 그 다음에 강한 군대와 좋은 무기를 가질 수 있어 지혜로운 사람은 좋은 꾀를 발휘하고, 용맹한 사람은 힘껏 싸워서 튼튼히 지킬 수 있으니 다른 나라의 침략을 무엇 때문에 걱정하겠는가?

* 임금의 행렬이 한 걸음이라도 우리나라를 벗어난다면 조선은 우리의 것이 될 수가 없다. 지금 우리나라 동북 지방에 있는 여러 도는 아직도 그대로 남아 있고 호남 지방의 충성스럽고 의로운 사람들이 곧 벌

떼와 같이 일어날 것이다. 그런데 어찌하여 나라를 버리고 압록강을 건너는 경박한 논의를 할 수 있는지 실로 가슴이 답답하고 통탄할 지경이다.

* 지금 왜적은 우리나라의 심장부에 자리 잡고 있다. 명나라 군사만 믿을 수 없다. 이때를 당하여 위아래 사람들이 서로 힘을 합하여 스스로 강해질 계책을 세워야 한다.

* 지금 지극히 중요하고 급한 일은 병사들을 훈련시키는 것보다 더한 것이 없다. 병사들이 만약 훈련되어 있지 않다면 비록 그 수효가 백만 명이 있다고 하더라도 양을 몰아서 호랑이를 공격하는 것과 같다.

* 병사들을 훈련시키는 일은 쇠붙이를 단련하는 것과 같다. 쇠붙이는 백 번 정도 단련하지 않으면 사용할 수가 없다. 병사들을 훈련하는 일 역시 정교하게 극치를 이루도록 한 다음에야 화살과 총탄이 난무하는 위험한 전쟁터에 투입하여도 혼란 상태에 빠지지 않게 된다.

* 이순신이 군부대 안에 있을 때는 밤낮을 가리지 않고 경계를 엄중히 하여 일찍이 갑옷을 벗는 일이 없었다. 척후하는 선박에 연락하여 대비하도록 하고, 경계를 엄하게 하여 적의 습격을 물리쳤다.

* 만약 마음을 다스리고 성격과 감정을 기르는 학문에 종사한다면 수많은 세상의 어수선한 일들이 스스로 나의 마음을 더럽히지 못할 것이

며, 또한 늙는 것도 모르게 된다.

* 배우는 사람에게 가장 바람직한 것은 그 마음이 안정되고, 생각하는 바가 맑고 밝아진 다음이라야 궁리하고 격물치지 하는 공부가 비로소 잡혀지게 된다.

* 사람들이 이익과 욕심에 빠져서 염치를 잃어버리게 되는 것은 모두 만족할 줄을 모르기 때문이다. 이 집이 비록 꾸밈이 없고 누추하지만 비바람을 가릴 수 있을 뿐만 아니라, 추위와 더위도 피할 수 있으니 이 이상을 무엇을 더 구하겠는가?

* 나는 밤과 낮을 가리지 않고 왜적들의 침략을 걱정하여 국가를 방위하는 정책으로 조금이라도 생각한 것이 있으면 이를 실천하기 위하여 정성을 다 기울이지 않은 것이 없었다.

* 바라옵건대 임금께서는 깊이 생각하시고 길이 생각하시어 덕을 닦고 정치를 세워 근본을 확립하면서 공평하게 듣고 아울러 잘 살펴서 여러 신하의 뜻을 다 이해하여야 할 것입니다. 그리고 백성들을 잘 기르고 어진 사람을 등용하여 군사 정책을 밝게 닦고, 훌륭한 장수를 골라 일을 맡겨 성공을 책임지도록 하시옵소서. 제가 말씀드리고 싶은 것은 오직 이것뿐입니다.

유성룡 연보

연도 / 연호	나이	내용
1542년 중종 37년		경상도 의성현 사촌리에서 황해도 관찰사 유종영의 둘째 아들로 탄생하다.
1545년 인종 1년	4세	이때부터 글을 읽기 시작하다.
1547년 명종 2년	6세	대학(大學)을 배우다.
1549년 명종 4년	8세	맹자(孟子)를 배우다.
1554년 명종 9년	13세	동학(東學)에서 중용(中庸)과 대학(大學)을 강독하다.
1555년 명종 10년	14세	향시(鄉試)에 합격하다.
1558년 명종 13년	17세	광평대군 5세손 이경과 결혼하다.
1562년 명종 17년	21세	도산(陶山)에 가서 퇴계 선생을 찾아 뵙고 수개월간 머무르면서 《근사록》등을 배우다.
1563년 명종 18년	22세	가을에 진사생원(進士生員) 동당초시(東堂初試)에 합격하다.
1564년 명종 19년	23세	생원회시(生員會試)에 1등, 진사에 3등으로 합격하다.
1566년 명종 21년	25세	문과에 급제하다.
1567년 명종 22년	26세	예문관 검열 겸 춘추관 기사관에 임명되다.
1569년 선조 2년	28세	성균관 전적(典籍)을 거쳐 공조 좌랑(佐郎)에 임명되다.

1571년 선조 4년	30세	3월에 병조 좌랑에 임명되다.	
1573년 선조 6년	32세	2월에 이조 좌랑에 임명되다. 7월 13일 관찰공(선생의 부친) 상을 당하다.	
1576년 선조 9년	35세	4월에 사헌부 헌납에 임명되고, 다시 사헌부 장령에 임명되다.	
1577년 선조 10년	36세	2월 여강서원의 퇴계 선생 봉안문을 짓다.	
1580년 선조 13년	39세	특명으로, 상주 목사에 임명되다.	
1581년 선조 14년	40세	1월에 홍문관 부제학에 임명되다.	
1587년 선조 20년	46세	퇴계 선생의 문집을 편차(編次)하다.	
1588년 선조 21년	47세	10월에 형조판서에 임명되다.	
1589년 선조 22년	48세	사헌부 대사헌에 임명되다.	
1590년 선조 23년	49세	우의정에 임명되다. 황윤길, 김성일 등을 통신사로 일본에 보내 정세를 살펴오게 하다.	
1591년 선조 24년	50세	홍문관 대제학을 겸하다. 조정의 많은 반대를 물리치고 일본이 침공할 조짐을 명나라에 통고하게 하다. 왜란에 대비하여 정읍 현감 이순신을 전라도 좌수사로, 형조 좌랑 권율을 의주 목사로 임명하도록 하다.	

1592년 선조 25년	51세	4월 왜군이 부산에 침입하여 이에 대비하다. 도제찰사로 임명되다.
1593년 선조 26년	52세	1월에 평양성을 탈환하고, 10월에 한양(서울)을 수복하다. 훈련도감을 설치하고, 장정을 모집하였으며, 조총과 대포 등의 화기를 증강하다.
1594년 선조 27년	53세	문벌, 신분, 출신지의 차별 없이 유능한 인재를 널리 등용하도록 건의하다. 민심 안정이 난국을 수습하는 기본임을 역설하여 흩어진 국민들의 생활을 돌보는 안집도감을 설치하고 도제조로 임명되다. 공물을 미곡으로 대신하여 바치도록 하고, 소금을 증산해서 이를 전매제로 하여 군량미를 확보하도록 하다. 충주를 중심으로 한강 상류 방어를 튼튼히 하고, 조령에 관문과 둔전을 마련할 것을 건의하다.
1595년 선조 28년	54세	경기, 황해, 평안, 함경 4도 도제찰사에 임명되다.
1596년 선조 29년	55세	이순신에게 죄를 주자는 의견에 반대하여 상소를 올리다.
1597년 선조 30년	56세	이순신을 구명하기 위해 극력 진언하였으나 받아들여지지 않아, 그를 천거한 책임을 지고 4번이나 사직원을 올렸으나 선조가 윤허하지 않음.
1598년 선조 31년	57세	북인들의 탄핵으로 영의정에서 파직·삭탈관직 되다.

1599년 선조 32년	58세	하회로 내려오다.
1600년 선조 33년	59세	퇴계 선생의 연보를 초(抄)하다.
1602년 선조 35년	61세	청백리에 뽑히다.
1604년 선조 37년	63세	《징비록》 저술을 마치다. 다시 풍원 부원군으로 봉해지고 호성공신으로 서훈되다.
1607년 선조 40년	66세	5월 6일, 향리 농환재 초당에서 운명하다. 조정에서는 사흘 동안 공휴로 선포하고, 상인들은 자진하여 나흘 동안 철시하다.
1614년 광해군 6년		병산서원에 선생의 위판이 봉안되다.
1629년 인조 7년		문충공(文忠公)이라는 시호가 하사되다.

징비록, 임진왜란 극복의 기록

유성룡 리더십

초판 1쇄 발행   2015년 2월 16일
초판 2쇄 발행   2019년 11월 8일

지은이 | 김호종
펴낸이 | 박정태
편집이사 | 이명수   감수교정 | 정하경
편집부 | 김동서, 위가연, 전현선
마케팅 | 조화묵, 박명준   온라인마케팅 | 박용대, 한성주
경영지원 | 최윤숙

펴낸곳   BOOK ★ STAR
출판등록   2006. 9. 8. 제 313-2006-000198 호
주소   파주시 파주출판문화도시 광인사길 161
                  광문각 B/D 4F
전화   031)955-8787
팩스   031)955-3730
E-mail   Kwangmk7@hanmail.net
홈페이지   www.kwangmoonkag.co.kr

ISBN   ⓒ김호종
                  978-89-97383-49-8   44040
                  978-89-966204-7-1   (세트)
가격   13,000원